說話有自信，老闆、朋友都挺你

修訂版

超強說話專家

太田龍樹 著　游韻馨 譯

話し方にもっと自信がつく100の法則

作者序

沒自信的我都成功了，你一定辦得到！

我以前的個性很內向、沒自信，在小學三年級前，我連在上課時舉手都會覺得很不安，臉馬上就紅了。當然我也沒什麼朋友，書也唸得不好。不過，就在我四年級時，遇見了我的恩師「目賀田八郎老師」，他改變了我的一生。某天，他竟然指定個性內向的我擔任班長，不只要在大家面前主持會議，也必須帶領班級往前走。

沒想到這個意外竟成為改變我一生的轉機。當我慢慢學會站在台前對著大家說話，也累積更多與人溝通協調的經驗後，發現「說話」其實是一件很有趣的事情。回顧一路走來的過程，**我發現「擔起責任」正是讓我體會到「說話」樂趣與奧祕的契機**。從此之後，「說話技巧」與「溝通協調」便成為我人生中一路追求的課題。

▼活用100個技巧，工作、生活無往不利

由於辯論一般都是以「比賽」的方式，讓雙方運用說服力一決勝負，因此總容易給人「硬要別人接受自己意見」的印象。但是我認為，有條不紊的內容固然重要，但是說話者的熱情以及個人魅力，也是說服他人的重要因素。同樣的，這些技巧也能套用在說話技巧與溝通協調上，有些人只會講道理，有些人丟的球卻根本沒人接。**唯有融合「理論」、「情感」與「個人魅力」這三大要素，才是真正能感動人心的說話技巧。**

本書集結了我在辯論過程中發現的100個「說話法則」，有些並不屬於單純的「說話技巧」，卻可以提升你的個人魅力。此外，也融合了許多我在商場中培養出的能力，保證絕對實用。希望讀者在閱讀本書後，能幫助你改善過去的說話方法，這也是我個人最大的期盼。

The Entertainment Debate
BURNING MIND代表
太田龍樹

Chapter 1 講話有重點，誰都不敢看扁你！

Chapter 2 打動人心？其實一點都不難！

Chapter 3

沒有熱情，說再多也沒用！

Chapter 4

第一眼印象，決定說話的成敗！

Chapter 5 這樣發問，人人都會掏出「真心話」！

Chapter 6 這樣說話，人人都被你說服！

Chapter 7 搞定「現場氣氛」，說什麼都OK！

Chapter 8 有魅力，就會讓人很想跟你說話！

Chapter 9 告別冷場王，「交際力」決定你的自信！

Chapter 1

講話有重點，誰都不敢看扁你！

希望對方聽懂你的話，說話一定要有條理，
確實掌握他想表達的內容，並整合自己的意見。
不妨從整理資訊做起！

法則

01

說話受歡迎，絕對不是天生的！

配合不同狀況「隨機應變」、「即興演出」的人通常很受歡迎，有「即興力」的人也會被認為是個說話高手。不過，隨時都能神來一筆的人，真的是因為與生俱來的天賦所致嗎？其實，並不是這麼一回事。

如果你想善用「即興力」（即時表演的能力），一定要記住，這並不是靈光一閃就能揮灑自如的天分，因為很多人在遇到緊急狀況時，都能自在地即興演出，所以這並不是天生就有的特質。

日本偉大的喜劇演員三本則平大師曾經說過：「即興演出並不是表演者的才華，也不是當場湧現出的靈感，而是一種需要經過不斷的練習，才能在關鍵時刻展露精準表現的特質。」也就是說，**「事前準備」是即興力最重要的關鍵**。

「排練」不是演員專利，說話也需要「事先準備」

「自我演練」是能讓事前準備更有效率的練習技巧。在真正與對方交談前，不妨先沙盤推演，就能有更好的表現。**假設因工作需要而必須在客戶面前做簡報時，就必須在事前演練，並確實計算需花費多少時間。**排練並不是演員特有的專利，對一般人而言也是相當有效的方法。如果人生是一場戲，那麼每個人都是舞台上的演員，一舉一動就像是在演戲一樣，需要不斷地排練。

因此，無論是在日常生活中或是與人溝通協調時，「自我演練」都是相當重要的技巧。你是否也因為「無法說出得體的話」而失去自信，放棄表現自我呢？在你急著確認自己是否準備好前，不妨先回頭看一下自己的行為表現吧！

Action

錄下自己說話時的姿態或聲音，事先檢視「說話方式」與「肢體動作」吧！

法則

02

用手機記錄或拍下「好點子」！

老實說，我是一個超級怕麻煩的人。每次看到做事一絲不苟的人，我就好羨慕。不過，這是我的個人特質，與其想要改變天性，倒不如充分了解自己的個性，再去想什麼樣的方法適合我，這樣的做法比較實際。

正因如此，本書中所寫的內容，全都是怕麻煩的我也能輕鬆應用在工作或生活的法則。既然連我都能做到，我相信大家一定也可以。每當我想到在寫書或演講時可以運用的好點子，或是發現對工作很有幫助的技巧時，**我就會用手機記錄及存檔，回家後立刻整理。**只要善用這個方法，就絕對不會錯失珍貴的創意與訊息。

「手機」就是靈感的記錄本

當然也可以記在紙上，但如果遺失或臨時沒有紙筆，一切就前功盡棄。依現代人的習性，**手機反而是一定會隨身攜帶的物品，因此是最實用的記錄工具。**長期累積資訊，自然就能建立充滿創意點子的資料庫。事實上，本書也是我根據存在手機中的內容，一步步完成的。

現在不管是睡前或是跟朋友聚會（這種時候我都會想到很多點子）時，我都會用手機記錄重要事項。過去我老是很快就忘記想到的好點子，經過反省後，才想到這個「手機備忘術」。**確實執行「手機備忘術」，不只能鍛鍊自己的創造力與企劃力，還能瞬間豐富你的說話內容。**

Action

隨時將你「感興趣的資訊」及「突然想到的好點子」記錄在手機裡吧！

無論自己的經驗有多麼微不足道，
都是比其他人的經驗更有價值的人生財富。
——萊辛（Gotthold Ephraim Lessing，德國詩人）

法則

03

隨身攜帶筆記本，記住重點

某家出版社的業務看到我使用的筆記本時，不禁讚嘆：「你的筆記本好大喔！我第一次看到有人使用A4尺寸的筆記本。」一般人大多使用B5（18.2 cm × 25.7cm）尺寸，我用的則是A4（21 cm × 29.7cm）的筆記本。

只要攤開就能見識到A4筆記本的威力，攤開後的頁面會變成A3尺寸，什麼都沒寫的對開頁面隱藏著無限的可能性，是否要寫得密密麻麻，也完全操之在我。就我個人的經驗而言，與之前在B5筆記本中寫滿小字的時期相比，**使用A4筆記本之後，我比較能記住自己寫的重點。**

A4筆記本＋深色筆，從此不再錯過重點！

當書寫空間變大，自然就能用更大的字體來記錄重點，如此一來也能更深刻地在腦中留下印象。當我們在看一張對開的頁面時，看到的其實不是文字，而是一張圖，反而容易讓人留下深刻印象。

這個做法不僅能把內容留在腦海裡，在經過整理後，也能確實理解對方想要表達的意見。此外，我習慣用自來水毛筆做記錄（亦可用深色原子筆，效果也很好），除了顏色較深外，優點在於，**「像簽字筆一樣方便書寫」**、**「一般影印紙也能吸收墨水」**、**「不會暈染筆記本」**。

因此，特別容易讓人留下深刻的印象。

Action

開始使用大尺寸的筆記本，一眼就能看到「重點」！

人類是使用工具的動物。

——卡萊爾（Thomas Carlyle，英國歷史學家、評論家）

法則

04

說話之前，先把「順序」想好！

從回家到上床睡覺的這段時間裡，你都在做什麼？這個問題的答案每個人都不同，不妨先想好要做的事，如看電視、與家人或聊天、洗澡、準備明天的工作、閱讀等。

在時間有限的情形下，想在一個晚上做完所有的事情，隔天一定會起不來。因此，無論想要規劃事情，或是表達意見，都要在規定的時間內完成。

具體來說，**在有限的時間裡，完成「一定要做的事」或「要說的話」，剩下的時間才做其他安排。**如果完全不注意時間，一定會等到完成所有的事，才去睡覺，不然就是在還沒做完前，就先夢周公去了。

▼只要掌握順序，就能清楚表達意見

一件接一件的「加法式時間運用法」容易受外務影響，為了避免執行效果不好，**一定要先確認優先順序，並在有限的時間內完成**。可以利用下列表格：

矩陣圖是由「緊急、不緊急」的橫軸，以及「重要、不重要」的縱軸所構成，再依事情的輕重程度，細分成四大區塊。先從❷開始做起的好處是，因為重要度較低，可以當作進入工作狀態前的暖身，等你身心都做好準備時，就能專注完成最重要的事情了。

此外，當你想要向他人表達自己的意見時，也可以先用這個方式決定順序，就能確實地將真正的想法傳達出去。只要能確定事情的順序，就能完成工作，也能實現完美的溝通效果。

拖延是偷時間的賊，它會將所有一切偷光盜盡。

——楊格（Edward Young，英國詩人）

Action

先想好需要的時間，排定優先順序，再開始行動。

用「表格」決定事情的優先順序

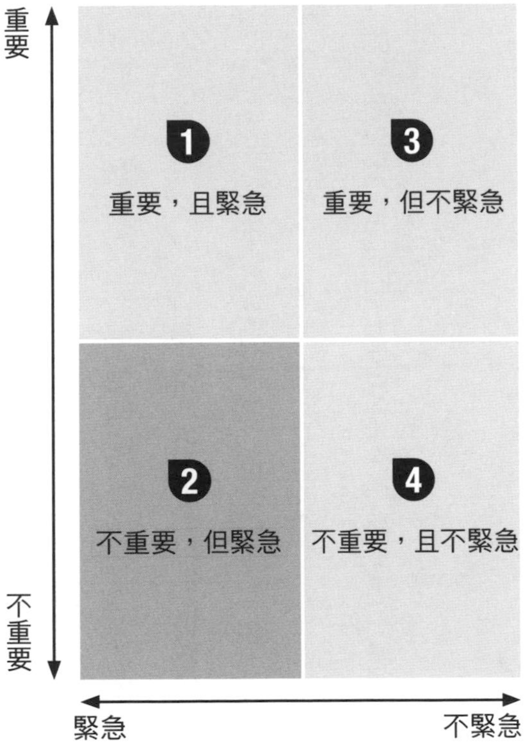

➜ 雖然❶的優先順序最高，但建議先做❷，讓思緒慢慢進入專注狀態！

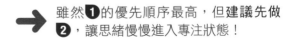

法則

05

被問「你到底想說什麼？」很丟臉

辯論有時間限制，辯論者必須在限定時間內理解對方的主張，並講述自己的理念。日常生活也是，每個人一天都只有24小時。我個人對時間有兩種看法，第一是重視「質」的時間觀念，預先設定時間限制，可度過較充實的優質時間。

另一個想法則是重視「量」。有句話說，**人際關係的遠近往往是由相處時間的多寡來決定。**當你跟家人或朋友閒聊時，你們相處在一起的時間「量」，就比「質」還來得重要。

經由「量」的不斷累積，也能讓友情及親情持續加溫，成為你背後溫暖的支撐力量。

▼就算只有短短幾分鐘，也要清楚說出重點

在生意場合也很重視以「質」為本的說話術。想要把意見全盤說出，不僅會花很多時間，也會模糊重點，根本無法有效傳達給對方。因此，**在「有限的時間」裡建構說話內容，就能確實表達意見。**

我剛出社會時，就曾在某個客戶前踢到鐵板。當時我完全沒有時間觀念，講了一堆沒有重點的話，後來對方忍不住問我：「你到底想說什麼？」要我趕快說出重點。結果當然沒有談成這筆生意。**如果沒有時間觀念，完全被現場氣氛及情緒牽著走，很容易就會忘了時間。**開口前一定要先在心中預設時間，不要盲目亂講，錯失機會。

Action

開口前，決定好「要在幾分鐘內講完該說的話」，就能達成目標。

法則

06

不超過3分鐘的意見，效果最好

在明白了注意時間限制的重要性後，可以透過下列兩個訓練方法，讓你說話不再拖泥帶水。

方法1 利用計時器測量時間，訓練自己分別在在1、3、5及10分鐘內完成自我介紹。

為什麼要訓練自我介紹？因為自我介紹是人際關係的第一步。多準備幾種自我介紹的方法，就能幫助你在建立人脈時，有更多法寶可以運用。

方法2 靈活運用手機的語音信箱功能。

幾乎所有電信公司都有提供3分鐘語音信箱的留言服務，所以，可以將語音信箱當成訓練機器使用。以我的經驗而言，很少人會在語音信箱中留言，大部分的人都是發現電話沒人接之後就掛斷了。因此，**只要善用語音信箱，不僅能事先告知對**

「人」是有限與無限、暫時與永恆、自由與必然的綜合體。

——齊克果（Soren Aabye Kierkegaard，丹麥哲學家）

方「我的來電目的」，還能讓後續的溝通過程更為順暢。這是相當有效的方法，一定要好好運用。

▼不論意見多長，都要在3分鐘內表達完畢

在語音信箱裡留言時，一定要充分運用這3分鐘，確實表達自己的來電目的。

順帶一提，由我擔任代表職務的辯論團體BURNING MIND（燃燒的心靈）裡，每一位成員都有自己的正職工作，白天通常無法接電話，所以我們都會留言給對方，利用短短3分鐘充分溝通，創造出如同面對面交談的對話效果。

對於留言者來說，**3分鐘就足以傳達重要事項，而且也能充分感受到時間有多長。**只要每天重複鍛鍊這兩大技巧，就能讓自己有效的在時限內表達意見。

Action

用計時器測量時間，
訓練自己在時限內完成意見表達，不要說得落落長！

法則
07
見風轉舵，才能說服他人

我很喜歡看歌舞劇和落語（註）。這兩種表演藝術都會出現許多登場人物，除了主角之外，還有反派角色。透過不同人物的立場與性格，可以看到許多不同的觀點與想法。簡單來說，主角認為有利的事大多不利於反派角色。

就如同參加辯論比賽，遇到對方提出意料之外的提問，也必須立刻反擊。而且辯論都是在比賽前才抽籤決定自己是正方或反方，也就是說，有時候自己代表的那一方並不一定與心中真正的想法相同。**因此，如果在比賽時不能保持隨機應變，就無法在辯論比賽中發揮自己的特質。**

在這裡要介紹一個我常用的技巧，那就是「角色扮演」，在與客戶開會或交涉時相當好用。分析問題時，我都會列出與這件事有關的「登場人物」，分析對這些人有利（開心）與不利（憂慮）的事情，**將目光焦點聚集在有利害關係的人身上。**

訴諸衝動只會引起對方反感，無法達成目的。
從道德立場說服他人，訴求理性，才能讓別人接受你的意見。
——岡珀斯（Samuel Gompers，美國勞工運動領袖）

▼搞懂「登場人物」的關係，就能無往不利

假設你現在要與客戶進行交涉，交涉前不妨先列舉出參與的當事者，將自己的公司設為A公司、客戶公司為B公司、競爭同業為C公司，然後再寫下對這些人而言有利與不利的事情。利用文字或示意圖歸納統整，就能確實掌握大家的想法。

只要事先掌握雙方的利害關係，A公司就能強調自己的優勢，也能了解B公司及C公司的立場。人生充滿變數，無法預料，**唯有保持靈活的思考模式，遇到意外才能遊刃有餘**，避免自己被身邊發生的事情搞得暈頭轉向。

註：落語是日本的一種傳統表演藝術，最早是指說笑話的人，後來逐漸演變成說故事的人（落語家）坐在舞台上，被稱為「高座」，描繪一個漫長和複雜的滑稽故事，在服飾、音樂等方面也很講究。與台灣的相聲有類似之處，不過落語演出通常只有一人。

Action

開口前，先確認現場會有哪些人參加討論。

把「登場人物」間的關係弄清楚，
才能達成目標。

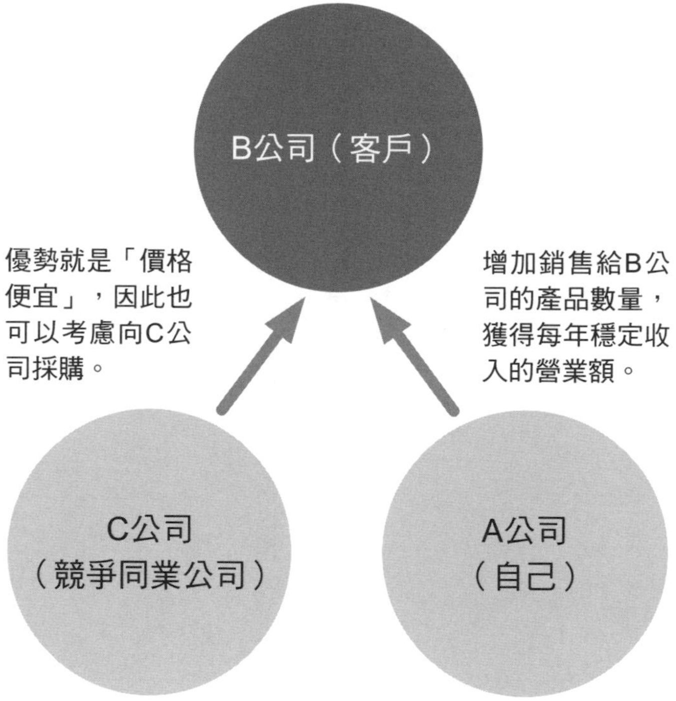
B公司（客戶）
優勢就是「價格便宜」，因此也可以考慮向C公司採購。
增加銷售給B公司的產品數量，獲得每年穩定收入的營業額。
C公司
（競爭同業公司）
A公司
（自己）

法則

08

弄懂大家的想法，問題就能解決

角色扮演不只能用在人或組織，也可以將重點放在環境或時間。我在這一篇所介紹的是應用範例，只要學會靈活運用技巧，你就能確實歸納腦中資訊。

「角色扮演」的實際操作範例

角色扮演＝站在關係人的立場思考事情

範例A 當你負責處理聚餐事宜時，就要扮演參加者的角色。

角色	想法
同事 A	工作進度好像有點落後，餐廳最好選在公司附近。
同事 B	酒量很差，聚餐費用可以算便宜一點。
同事 C	只有C一位女性，還是再約一位女同事與她作伴。
上司	安排在得力助手B同事旁邊。

範例B 在推出新商品前，試著扮演外在環境的角色。

角色	想法
優勢	品質比其他公司的產品好。
劣勢	價格設定比相同產品略高些。
機會	剛好搭上目前的流行風潮，市場越來越大。
威脅	受到通貨緊縮的影響，消費者的消費意願降低。

靈活運用「角色扮演」的三大法則

法則1 活用四大關鍵，重整你的歸納能力

在判斷事情的時候，現狀分析是很有效的方法。假設你正在考慮「該不該進行整型手術？」，那麼從「人」、「事物」、「費用」、「資訊」來看，可以歸納出以下問題：

人 →	醫生過去的整型結果是否優良，醫術是否高超？醫院員工待人態度是否親切？
事物 →	醫院的手術設備是否先進？院內氣氛是否讓人感到放鬆與安心？
費用 →	手術的花費多少？
資訊 →	醫院評價如何？先探聽口碑，並從書籍、雜誌或網路上調查醫院過去的風評。

人類最偉大的想法就是用石頭取代麵包。

——杜斯妥也夫斯基（Fyodor Dostoyevsky，俄國小說家）

法則2 善用SWOT分析表格，就能做出正確決定

即是從「優勢」（Strengths）、「劣勢」（Weaknesses）、「機會」（Opportunities）與「威脅」（Threats）四方面著手分析。在分析機會與威脅時，一定要反映出時代趨勢與社會氣氛，亦即一定要從政治、經濟與文化等各方面進行綜合性的分析。

「事前分析」能幫你做出正確的決定，在商場上搶得先機。

法則3 把焦點放在時間上

這個世界的所有事物隨時都在產生變化。**在進行分析時，建議將焦點放在時間上**，歸納出「販售商品前的應完成事項」、「販售時的注意事項」以及「商品售出後的後續追蹤」等要點。

Action

利用「角色扮演」的技巧，在筆記本上統整分析你現在的問題。

法則

09

想抓重點？就要不停「自問自答」

每個人都會不自覺地在日常生活中進行問與答。

「我該換工作嗎？還是繼續待在目前的公司裡？」

「我該跟他結婚嗎？還是該分手？」

人生充滿「抉擇」，而自己做決定的過程就是「自問自答」。自問自答不是跟別人辯論，而是跟自己對話。統整歸納自己心中在意與不安的事情，找出問題，進而解決。自問自答的好處在於可以客觀看待人、事、物，不會過度主觀，也可以做出冷靜的判斷，而且還能有條理地歸納自己的想法。因此，我認為這是能讓溝通更為順暢的實用技巧。

Action

清楚地寫下你的煩惱與猶豫，嘗試自己做決定。

法則

10

「剝洋蔥分析法」，讓重點出現

如果想要成功的自問自答，就要依循**「分析現狀」**、**「發現問題」**、**「決定解決方案」**、**「驗證方案的可行性」**、**「檢討執行方案後的優缺點」**，共五大步驟進行問答。這裡用「我該買一輛新的汽車嗎？」為主題，來說明步驟：

STEP 1 分析現狀

在日常生活中，我們經常需要根據現狀，**歸納整理各種條件**，**才能決定到底要維持還是改變現狀**。以汽車議題為例，第一步要做的事，就是徹底檢查現有車輛的狀況，如「耗不耗油」、「設計性強不強」等，從事情的各方面進行分析。

STEP 2 發現問題

以汽車來說，最重要的問題就是成本。如果現在的車很耗油，就不能小看每個月要支出的加油費，再加上保養的費用。另一方面，你對於現有車輛的想法也不可忽略，如「我只是開膩了這輛車」……等，情感上的想法也是考量重點。還有，要注意車子裝備的安全性。此步驟的重點就在於，**「盡可能從各方面找出所有問題」**。

STEP 3 決定解決方案

由於本範例的重要問題很多，因此決定以「購買新車」的方案來解決問題。決定時最關鍵的因素在於「發現問題」的階段，一定要盡全力找出問題，如果沒有確實的根據，就無法做出正確的判斷。

STEP 4 驗證方案的可行性

決定「購買新車」之後，就要實際驗證解決方案是否確實可行。此時應聚焦「人、事物、費用、資訊、時間」五大觀點，驗證成功的可能性。（可參考法則8，P.26）

Action

找出所有的問題點，才能逐一解決。

要解決人生問題就先整理好針線盒。

——卡萊爾（英國歷史學家）

法則

011

「列出所有的問題」，訓練聚焦力

確定要買新車後，「人、費用、資訊」就是目前的聚焦重點，也就是步驟❹「驗證方案的可行性」。首先是「人」，如果家裡有其他成員，是否能說服家人換車就很重要，此外，業務員能否設身處地為客戶著想也是重點。接著是「費用」，「錢」是換新車最重要的關鍵，買車前一定要做好功課，仔細精算「現有的車可以折舊多少錢」、「手邊有多少存款，買車的預算有多少」等條件。

最後則是「資訊」，換購新車時，一定要找值得信賴的中古車行或汽車業務員。不妨從網路、書籍或雜誌中盡量收集相關資訊，不過最重要的還是口碑，**信任的朋友所介紹的資訊，可信度會比較高。**

Action

聚焦「五大觀點」，檢視解決方案是否可行。

法則

12 從不同「立場」思考，找出解答

自問自答的步驟是「檢討執行後產生的優、缺點」。（見下圖）要特別注意一點，每個人有利的事情都不同，要從各種不同的觀點，檢視事情的正反面。**重點就是要以價值觀來判斷，透過自問自答的方式，找出解決方案的判斷標準。**

買車後的優點（正面）	買車後的缺點（反面）
新車比舊車省油，可以省下加油費。	很難得知折舊率，車貸會加重經濟負擔。進而影響其他消費。
新車為油電混合車，符合環保趨勢。	與太太喜歡的車型設計不同（家人認為的缺點）。
新車可以讓自己的心情煥然一新。	若有了小孩，車內空間會不夠用（家人認為的缺點）。

Action

站在不同立場思考，檢討問題的優缺點。

對於未來的想法可以孕育出無限的可能性，而且比未來讓人獲得更多。
這就是希望會比擁有更令人著迷、夢想會比現實更令人沉醉的原因。

——柏格森（Henri-Louis Bergson，法國哲學家）

法則

13

達不到目標？因為沒有「逆向思考」

「自問自答」是循序漸進地分析現狀，最後找出解決方案的過程，也就是一般所說的「正向思考」。不過，如果你只用一種方法，就會陷入盲點，找不到出口。

這個世界上有許多人對未來懷抱著夢想，如果你也設定了目標，如「希望明年收入增加2倍」、「3年後我想去美國留學」等，不妨就從目標往回推，使用「逆向思考」的方式，逐一分析「必須做哪些努力才能實現夢想」。

逆向思考的重點，就是要去想「如果沒有達成夢想，是什麼原因讓我的夢想破滅？」你可以把自己的夢想代入這個句子裡，進而建構出實現計畫。接下來就要思考「什麼因素會阻礙我實現夢想？」、「去除障礙最簡單的方法是什麼？」**找出無法實現夢想的主要原因，而不是自怨自艾**，傻傻的讓機會流失，到頭來還是只能在原地坐以待斃。

▼突破現狀，才能達成夢想

假設將「如果我明年收入沒有增加2倍，是什麼原因？」作為逆向思考的主題，探索導致夢想破滅的「障礙」究竟是什麼？如果是現在的工作量太少，或是自己的業務能力不足，那就必須採取行動，去除障礙。

此外，如果發現待在目前的公司，不管怎麼努力薪水都不可能變成2倍的話，那就必須考慮轉換跑道。對於原本打算一輩子待在目前職場的人而言，這個做法可以幫他們想出過去不可能想到的解決方案。**從結論逆向思考，不只能看清現在的問題，還能同時思考未來的藍圖。**

Action

寫下希望與目標，利用「逆向思考」達成夢想。

批評不能只安於反映現在，而要搶在過去之前，從未來把現在贏到手。

——舒曼（Robert Alexander Schumann，德國作曲家）

法則

14 最後才提意見，不如不要參加討論

假設今天公司召開了一個會議，會議主題是「我們要與A公司合作」。如果按照自問自答的五大步驟進行會議，就能輕鬆做出結論，而且還能在贊成及反對的討論聲浪中，激盪出必須與A公司合作的現況問題，以及合作的優、缺點等。不過，你是否也發生過以下的狀況？就在會議快要結束時，突然有人丟出「也可以和B公司合作」的新議題，新提議不僅模糊會議主題，還導致必須從頭討論的結果。

準備好「書面資料」，讓焦點不再模糊

辯論有固定的流程規則，為了公平起見，正反雙方都有固定的辯論時間、次數與順序。而且主要論點必須在比賽前半場、也就是剛開始論述的「申論」中提出，

如果到比賽後半場的「結辯」才提出新論點的話，就會被視為違規，這也稱為「結辯義務」。這是為了避免最後才提出新論點，導致主要論點無法充分進行討論而設下的規定。

要避免這種狀況發生，必須在開會前將要討論的內容整理成書面資料，並根據資料進行討論。如果想要提出資料中沒有的論點，必須在會議的一開始就表達「我希望這次會議能加入這項議題」的意見，或是另外召開會議進行討論。這樣不只能維持討論的公平性，還能讓會議順利進行。

Action

開會時，一定要先「訂規則」再開始討論。

保持冷靜，憤怒不是辯論的方法。

——丹尼爾・韋伯斯特（Daniel Webster，十九世紀美國政治家）

法則

15

「每天倒數」，能加快達成目標

「10點與製造公司召開業務會議，下午前往橫濱與不動產公司的北見董事開會，傍晚回公司參加營運戰略會議，晚上則跟商社客戶聚餐，然後搭最後一班電車回家，打開家門已經是第二天的凌晨2點，終於可以休息。」

這是我某一天的工作行程，我想應該也有許多人像我一樣過著忙碌的生活。不過，今天的工作行程並不只是為了滿足今天的工作需求。我要跟各位讀者分享我很尊敬的「人生導師」說過的一段話：

「今天是2月15日，其實代表了很多意義。3月15日要召開大型的業務會議，今天剛好就是一個月前；5月15日要進行績效考核，今天就是要提醒自己還有3個月的日子；明年的2月15日，我要讓年收入變成現在的2倍，我就必須在一年前、也就是今天開始努力。所以，今天其實蘊含了三個重要日子的意義。」

牢牢記住預定完成的日期

從現在推算未來，就能了解到今天是一個多麼重要的開始。順便告訴你一個小內幕，我在寫這本書的時候，也是從出版日開始往回推算，確實掌握「今天一定要完成多少字，才趕得上工作進度」，讓本書能順利出版。今天充滿了各種不同的意義，請立刻打開行事曆，確認未來的目標。只要你這麼做，絕對每天都能知道今天該完成的事情。

Action

打開行事曆，確認從今天起往後推算的「未來目標」吧！

人即使生活在現在，依舊會努力向前，進入永恆，
跳脫肉體束縛，永生於精神層面裡。
——赫胥黎（Thomas Henry Huxley，英國生物學者）

法則

16

「大量閱讀」，說話才會有重點！

完美的對話需要具備一定程度的知識與學識，每次在辯論比賽前，我一定會充分收集與主題有關的資訊，即使只是廣告，我也會盯住不放，隨時搜尋相關資料。

此外，為了準備比賽，我至少要閱讀20本以上的相關書籍。每次我這麼說，就會有人覺得我「太厲害了」，有些人甚至還會反問我：「你真的會這麼做嗎？」其實，並不需要具備什麼特殊能力才能讀這麼多書，只要下一點工夫就能輕鬆做到。

我平時的正職工作是業務，因此充分利用坐電車的零碎時間很重要，我個人的原則是「只要有30分鐘的通車時間，我就要在這個時間內看完一本書」。或許有些人會說：「30分鐘不可能看完一本書。」**但其實不需要從頭到尾仔細閱讀，只要掌握重點即可。**

▼快速收集資料的方法就是「重點式閱讀」

首先，要仔細閱讀「前言」、「結語」與「目錄」。接著，就要翻閱與「主題」有關的部分，只要發現關鍵字或是其他書籍沒有的資料，我就會做記號。抱持著「如何在有限的30分鐘內讀完一本書」的想法，自然就能集中注意力，進而找到自己需要的資訊。

當我開車時，一定會在停車場待30分鐘，前15分鐘我會閉目養神，讓眼睛及大腦休息，徹底放鬆身體，剩下的15分鐘則用來讀完半本書。**讀書的重點就是自行決定閱讀的時間，並在時限內完成。**只要實踐這個方法，即使是零碎的通車時間，也能轉變成湧現創意的珍貴時刻。

Action

養成每天閱讀30分鐘的好習慣，有助提昇「說話能力」。

最浪費時間的人就是抱怨人生苦短。

——拉布呂耶爾（Jean de La Bruyère，法國道德家）

Chapter 2

打動人心，
其實一點都不難！

說話一定要有「邏輯」，別人才能聽得懂，
也容易將自己的想法傳達給對方。
鍛鍊你的邏輯能力，讓說話時更有自信吧！

法則

17

說話之前，先做足功課

我每次談生意時，一定會事先做功課。除了要先收集資料，了解該企業的背景，還要事先掌握產業現狀並預測未來發展。正式與客戶交涉時，當然不可能完全按照自己的意思走，但只要確實做好事前的資料收集，就能防範問題發生，還能找到意想不到的切入點。

「充分準備」就是比賽成敗的關鍵，只要事前的資料收集能做到九成，贏得比賽就像囊中取物一樣地容易。總歸一句話，**收集資料的能力決定溝通品質**，「書籍」是收集資料最好的幫手。收集資料的方法很簡單，假設我要收集「落語」的資料，可以透過網路書店搜尋到相關書籍的訊息。不過，如果要將網頁上的書全部買下來，是一筆很大的費用，並不符合現實狀況。（但最好能盡量自掏腰包買書，如果花的是自己的錢，比較能激勵自己努力回收。）

社會就像一艘船，每個人都應該有掌舵的準備。

——易卜生（Henrik Johan Ibsen，挪威劇作家）

「閱讀」是很好的情報來源

我的手機裡有「日本亞馬遜網路書店」的網頁書籤，只要看到別人介紹的書，或是在報紙廣告、書評專欄裡看到有趣的圖書，我就會立刻訂購或是仔細閱讀介紹文字。沒有閱讀習慣的人，可能會覺得看書收集資料很痛苦，如果你也屬於這樣的人，**不妨先閱讀自己感興趣的書籍，不僅輕鬆愉快，讀起來也不會有壓力，還能養成閱讀習慣。運用完網路資訊後，就可以善用圖書館的借閱功能，查詢館內有無上述書籍。**

當你獲得越來越多的知識，自然就會產生強烈的求知慾。我也是利用這個方法累積辯論的相關知識，「不花錢」、「不勉強」才能養成收集資料的習慣，也是長期維持的祕訣。

Action

多上網路書店瀏覽，買10本自己有興趣的書籍，今天就開始閱讀！

法則

18

說話內容越具體，別人越能聽得懂

主張論點時一定要提出證據，簡單來說就是要為自己的論點「找理由」。不過，「理由」有分很多等級，有令人心服口服，也有讓人嗤之以鼻的差別。重點就是要經過歸納統整，建構起自己的理由。

想主張自己的論點時，最重要的就是要探討「為什麼有這樣的想法」，再為自己的想法找理由。假設你不喜歡某位演員，而你對他的評價是「他明明是主角，但音量一點也壓不住場面，所以我不喜歡他」，這樣的理由聽起來比較有說服力。

接著，如果能進一步說明「因為我喜歡多大的音量」，就能讓自己的理由更站得住腳。像是「能穿透整個會場，甚至震動地面的音量」，**提出明確的判斷標準就能讓聽者更明白你的主張。**

人天生就有求知慾。

——亞里斯多德（Aristotle，古希臘哲學家）

理由充分，別人會立刻支持你

社會心理學家羅伯特・席爾迪尼曾說：「請別人幫忙時，提出具體的理由比較容易成功。」根據他的研究結果顯示，當很多人在圖書館影印機前排隊時，提出「不好意思，我只有5頁要影印，可以讓我先印嗎？」獲得優先影印的機率只有六成；但如果稍微改變說法，以「不好意思，我只有5頁要影印，不過我有點趕時間，可以讓我先印嗎？」來拜託對方，就有九成的機率能達到目的。

由此可知，**說話內容越具體，越能讓聽者理解**，而說話者本身也能釐清心中的想法，更清楚邏輯脈絡。**每個人在做任何一件事時，都需要有充分的理由。**

Action

寫下自己喜歡與討厭的事情，並列出明確的理由。

法則

19

有勇氣說實話，才是真心「為你好」

「那個人態度很自大，一定會失敗」、「他說的話好膚淺」……，人類的天性就是會忍不住想要批評別人，總是會以不合理且負面的想法看待。想要否決對方的意見，就一定要提出「自己的想法或是替代方案」，絕對不能吹毛求疵或因反對而反對。

假設A認為「B太傲慢，一定會失敗」，就一定要具體說明B的行為，像是「看到人也不打招呼」或是「態度很目中無人」等，A必須釐清B可能是因為上述問題，而讓人覺得他很傲慢。

「其實B只要開口打招呼，感覺就會比較親切」，只要能設身處地為B著想，就能提出具有建設性的意見，B自然就比較能接受A的建議了。

被罵是幸福的。

——松下幸之助（松下電器創辦人）

▼處處為對方著想，你的意見就容易被接受

遺憾的是，現今社會的氣氛與風潮，並不欣賞這類「為你好」的忠告，大家都會盡量避免「說真話」。以前稱這類忠告為「勸誡」，其實，**就是因為我們有勇氣直接「勸誡」對方，才能讓人際關係更加順暢。**

即使不直接告訴對方自己的想法，也能將他的舉止當成反面教材，提醒自己「千萬不能有相同的行為」，盡量讓自己說好話，做好事。**說話時提出具有建設性的意見，不僅可以避免溝通毫無成效，還能警惕自己的一言一行。**

Action

不要立刻否定，隨時思考具有建設性的意見或替代方案。

法則

20

「替代方案」越多，越能打動人心

在辯論的世界裡，有一種叫做「抗辯」的說服技巧，也就是反方必須針對正方所提出的理由，提出替代方案並加以反駁。**「擁有自己的論點」就是針對別人的意見做好替代方案**，絕對不是吹毛求疵或無聊的批評。在提出替代方案時，一定要具備下列兩大條件：

條件1 提出與原有想法截然不同的替代方案

假設對方提出的意見是「本公司應該在國內舉辦會議」，如果你的替代方案是「應該在北海道或沖繩舉行」，那就不是一個有效的抗辯計畫。因為「國內」就包含北海道或沖繩，所以這不能說是一個理想的替代方案。

因此，你應該提出「本公司應該在歐洲舉辦公司大會，因為……」的論點，將

爭辯與討論的目的並不是勝利，而是改革。

——儒貝爾（Joseph Joubert，法國哲學家）

焦點設定在「國外」，就能創造出截然不同的替代方案。一定要讓別人從全新的觀點來看待事情，才是有用的建議。

條件2 替代方案絕對不能與原有想法同時並行

舉例來說，針對「要增加營業額就要提高商品售價」的想法，提出「為了增加營業額，就要降低商品售價，以增加來客數」的替代方案。由於「提高商品售價」與「降低商品售價」無法同時並行，但因為同時提出，反而讓溝通過程更有意義。

在說話或溝通時善用「抗辯技巧」，就能實現具有建設性的溝通結果。

Action

養成在溝通時提出「替代方案」的習慣。

法則

21

隨時「反過來」想，就不容易詞窮

隨時累積自己的中文詞彙，磨練應用能力，就是建構出有效替代方案的重要關鍵。因此你一定要先儲備足夠的「詞彙力」。接下來，就是要利用反義詞發想，如「擴大↕縮小」、「強化↕緩和」、「延長↕縮短」等，累積越多詞彙，需要時就越能靈活運用。

▼從反面思考事情，反而能解決問題

另一方面，人與人相處難免會產生對立或嫌隙，導致人際關係逐漸崩壞，**從反方向去思考事情，就能修復自己與他人間的關係。**

如果有人批評你，不要立刻反擊，反過來想「對方是在指出自己的不足之

一流政治家必須具備一流歷史學家的資格，
能透徹過去的人就能看清未來。
——邱吉爾（Winston Churchill，英國政治家）

處」，如此一來就能讓彼此的溝通更順暢、更有意義。

如果你目前負責的工作有時間限制，你必須先假設「無法在期限內達成目標的最糟狀態」。也就是說，你必須找出阻礙事情完成的原因，例如「作業時間比預估還要長」、「花太多時間接待顧客」等，當你發現計畫會有這麼多阻礙後，就能明白一定要「比原本的期限提早3天完成工作」的計畫。**人生就是一連串的意外，一定要隨時逆向思考，備妥替代方案，冷靜處理突發狀況。**

Action

逆向思考能讓頭腦更靈活，面對所有的狀況，都要思考另一面。

法則

22

溝通不順？請先站在中心點思考

在日常生活中難免會發生天不從人願，而感到心灰意冷的時候。**當我遇到「不得不想辦法解決」的困境時，我就會逆向思考，改用這是「理所當然」的道理去看待事情。**以我個人為例，我並不會因為沒達成業績就死掉，當我這麼想的時候，心情就會放鬆不少。總而言之，絕對不能只從單方面去看待事情。

如果這個方法還是無法讓你靜下心來，不妨讓自己更忙碌，忙到沒有時間感到不安。將所有的時間與心力投注在工作之中，做到讓你覺得「精疲力盡」的程度為止，也是一個辦法，避免讓自己胡思亂想，陷入忙亂之中。

這個法則最重要的關鍵就是同時從正、反面進行思考。一般人常常誤以為辯論就是正反兩面意見互相交鋒的比賽，其實並不是這麼一回事。辯論是訓練人類了解正、反面的優缺點，並從中吸收雙方優勢的中庸思考法。

極端激盪出思想，但唯有中庸才能讓思想永存。

——梵樂希（Paul Valéry，法國作家）

了解事情的正反面，才能取得平衡點

我從辯論中學到了一件事，那就是「唯有中庸之道才能穩定人心」。中庸就是不偏不倚、平衡安穩的狀態。不過，**想要取得平衡，就一定要先了解事情的正反面**，知道邊界在哪哩，才能測出中心點。

當你長時間感到心情鬱悶、覺得事情不從人願時，不妨從反方向思考事情。如果你覺得與朋友之間的相處出了問題，不妨想像與對方開心聊天的景象，然後捫心自問「自己真正想要什麼」，藉由這個方式找出你的中庸之道。

Action

陷入低潮時，要不斷想像自己意氣風發的樣子，放鬆心情。

法則

23

列出問題的優缺點，再開始討論

美金100元紙鈔上的肖像人物—班傑明・富蘭克林，鼓勵大眾使用「正反格」來思考事情。即針對某件事或是政策，列舉出PRO（贊成、優點）與CON（反對、缺點），並分別比較各項理由的方法。最大的重點就是要觀察一件事情的正反面。不論是政治、工作或個人抉擇有關的事務，從正反兩面思考需要面對的問題，能避免自己的想法過於偏頗。此外，**事先假想與自己截然不同的觀點，也更容易理解對方不同的價值觀與想法**。只要善加運用正反格，就能幫助你提升溝通協調的能力。

傾聽反對意見，學習說出得體的話

此外，在辯論的領域中，「反方永遠存在」。其實我們的生活或工作也是，只是人類往往容易忽略與自己不同的意見或事物。有鑑於此，我們除了要隨時注意反

成功的祕訣在於站在他人的立場，從自己和他人的角度來思考事物。

——亨利・福特（Henry Ford，福特汽車創辦人）

對意見外，更要重視自己在對方的眼中究竟是什麼樣子？

這個想法在心理學中稱為「後設溝通」，亦即客觀地看待自己。**由於人類很容易以自我為中心，一定要不斷訓練自己養成「客觀看待事物」的習慣。**這樣才能掌握多元觀點，進一步學會有條理的思考與說話技巧。

Action

養成從正、反兩面檢視眼前問題的習慣。

富蘭克林的「正反格」範例

主題：高速公路的過路費是否應該取消？

PRO（贊成、優點）	CON（反對、缺點）
・增加遠遊人數，促進觀光產業。 ・活化地區經濟。 ・舒緩一般市區道路的壅塞情形。 ・降低收費站的人事費用。 ・降低運輸成本。	・高速公路將會更加壅塞。 ・加速地球暖化的情形。 ・導致火車與飛機的旅客減少。 ・在停車場與休息站違規停車的情形將會更嚴重。 ・一旦取消過路費，就很難再恢復收費。

↓

「正反格」的特色就是可以從正反兩面檢討各種主題。無論是工作或是日常生活中需要面對的問題，都能使用「正反格」做出正確的判斷！

法則

24

工作時「多說話」，生活則保持沉默

辯論有一條規則是**「沉默代表同意」**。由於比賽的時間有限，如果不針對某論點進行反辯，從時間效率的觀點來看就會被視為「同意」。因此，在辯論時一定要確實提出自己的主張，如此才能為自己的論點取得先機。

在工作場合中，這也是相當重要的概念。在會議一開始明確訂下「為了有效運用時間，沉默就代表同意」的規則，便可縮短會議時間，讓開會過程更有意義。

▼太多話的人，讓人討厭

不過，在日常生活裡，沉默倒是很有用的處世技巧。我相信很多人應該都有「因為說太多話反而破壞氣氛」的經驗，我自己也常常在懊悔「不應該多話」，尤

十三項美德：節制、寡言、秩序、果斷、簡樸、勤勞、誠懇、正直、中庸、清潔、寧靜、貞節和謙虛。

——班傑明・富蘭克林（美國政治家）

其是喝了酒之後膽子就會變大，不受控制，因此一定要特別注意失言或是亂說話等失態情形發生。

其實不只是聚餐喝酒的場合，**想要營造出和諧的聊天氣氛，就要控制自己不要暢所欲言，應該先傾聽對方的意見**。人總是很容易自以為是地說「我認為」、「我覺得」，不妨先理解對方說的話後，再開始陳述自己的意見。

一定要記住任何事情都有正、反兩面，單方面的堅持是很危險的事情。沉默就像水一樣，可以載舟也能覆舟，因此一定要根據在場人士的個性、時間與場合等不同狀況，靈活運用「沉默的力量」。

Action

在表達主張前，請先傾聽對方的意見，再說話。

法則 25

掌握對方的「價值觀」，談判更容易

在表達自己的主張時，舉出證據就能增加說服力。這是因為主張與證據之間存在著某個「根據」，而這個「根據」就是串起主張與證據之間的橋梁。可惜的是，很少有人能明確指出這個「根據」到底是什麼，其實就是「隱藏在背後的理由」。

了解對方的生活背景，更容易溝通

假設你的主張是「他是一個很討厭的人」，而你提出的證據是「他會將團隊的功勞全都當成是自己的」，在證據的背後則隱藏著下列根據，也就是串起主張與證據之間的「理由」：

理由1　一般認為不考慮團體利益，只重個人表現的做法違反傳統美德。

請記住：我們所相處的對象，並不是絕對理性的動物，
而是充滿情緒變化、成見與自負的動物。

——戴爾・卡內基（Dale Carnegie，美國企業家）

理由2　根據經驗，將組織放一邊，只考慮自己的人，通常都很討人厭。

從這個例子我們發現，這兩個理由完全不同，因此你所提出的證據並不足以支持你的主張。**每個人的價值觀與情感都會影響「隱藏在背後的理由」**，這也是溝通時最常出現的變數，進而導致人際關係越來越複雜。

由於每個人的理由都不相同，即使看到同一件事，也會有不同的感受。當你的溝通協調遇到阻礙時，不妨深入探索對方「隱藏在背後的理由」。**一開始就先了解對方的價值觀，才是改善溝通成效的最佳捷徑。**

Action

當人際關係出狀況時，不妨先了解對方的價值觀，改善問題。

法則

26

老闆的話不是「聖旨」，要冷靜判斷！

人類是會屈服於權威的動物，一聽到「在知名教授的學說中……」、「○○報紙說……」等說辭，立刻就接受別人的論點。這樣的情形在工作上也屢見不鮮，只要別人說：「這是我們老闆或上司說的，絕對不會錯。」便立刻遵從對方的意見。

或許地位較崇高的人過去創造過非常輝煌的成績，但並不代表他們對未來的決定都是正確的。**創造優質對話最重要的關鍵就是「獨立看待人格與論點」，也就是要將重點放在「說話的內容」，而非「說話者的身分」**。

假設你的意見與老闆或上司不同，你很可能會在溝通的過程中被對方的威嚴或存在感影響，讓你的情感開始動搖。此時，只要記住以下兩大祕訣：

祕訣1 聽對方說話時，要注意邏輯與情感之間的平衡。

祕訣2 聽對方說話時要做筆記。

先弄清楚事實，然後盡情扭曲它們。

——馬克・吐溫（Mark Twain，美國作家）

只要能將溝通重點放在邏輯上，並且在聽對方說話時做筆記，就能讓耳朵、頭腦與雙手全面運作，在說話的內容中，獲得能幫助自己冷靜判斷的根據。

是事實，還是意見？說出口時要格外小心！

除了人格與論點之外，獨立看待事實與意見也很重要。舉例來說，「下雨」是事實，「下著令人心煩的雨」則是經過個人詮釋之後的意見。人往往都會針對意見反應過度，如果有人說你「最近好像變胖了」，這時你一定會氣急敗壞地反駁說：「才沒有這回事呢！」。

其實，「你變胖了」只不過是對方的觀點，或許在別人的眼中，會認為「你非常苗條。」**在與別人溝通協調時一定要再三確認，自己將要說出口的話究竟是事實還是意見**，如此一來就能避免產生不必要的摩擦。

Action

事實只有一個，意見卻有無數個，要隨時注意自己的話究竟是事實還是意見。

獨立看待「人格與論點」、「事實與意見」

人格與論點

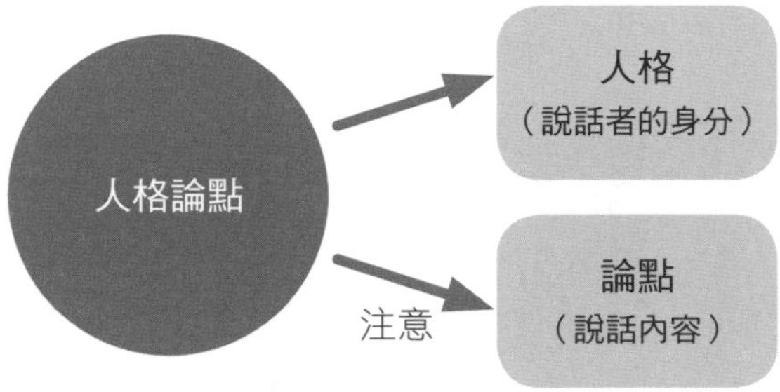

- 聽對方說話時要注意邏輯與情感之間的平衡。
- 聽對方說話時要做筆記。

事實與意見

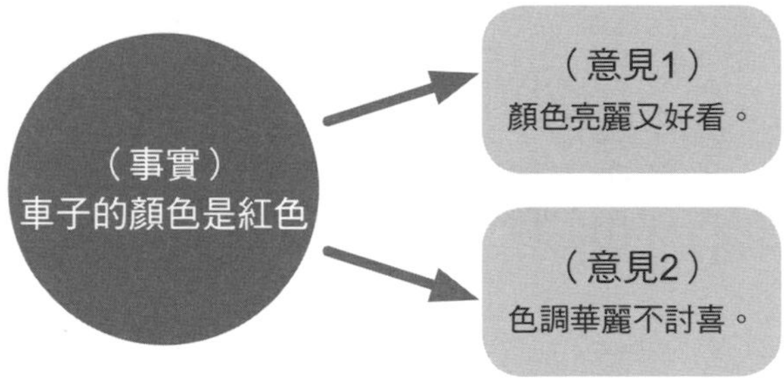

- 事實只有一個，意見卻會有無數個。
- 一定要確認自己說的究竟是事實還是意見。

Chapter 3

沒有熱情，說再多也沒用！

光憑「道理」無法打動人心，
學會訴之以情的說話技巧，才能感動及說服自己。

法則 27
不必開口說話，就能「感動」對方

影響我一生最深的人，就是我的父親。他在國中畢業後就從福岡來到東京，日夜不休地辛勤工作，終於在28歲自立門戶，經營修理與販售高級手錶的公司，至今已超過30年了。父親能在爾虞我詐、過河拆橋的殘酷世界裡站穩一席之地，他一路走來的心路歷程充滿人生智慧與啟發，就如同一部精彩的電影，我真的很希望有一天能撰寫他的自傳。

▼「體貼」與「熱情」，就能讓對方感動

我父親雖然沒有讀過很多書，但已經在他的人生中打了一場相當漂亮的勝仗。

想在激烈競爭中倖存下來，就必須學習如何察顏觀色，並讓別人喜歡你。我從小看

熱情開口，就必然成為使別人屈服的第一流演說家。個性木訥卻充滿熱情的人，比舌燦蓮花卻個性冷漠的人，更能使別人屈服。

——拉羅什富科（La Rochefoucauld，法國貴族）

著父親的背影長大，從他的身上我學會「**在人類世界中生存，靠的不是有無知識，而是你有多了解人心**」。

我父親在東京以外的其他城市都有許多好朋友，我常常聽到他們說：「每次一看到阿龍（我父親的小名），我就覺得渾身充滿活力。」

我父親每天都很有精神，聲音洪亮、個性開朗，他對誰都真誠以待，他的朋友也常稱讚他總是充滿熱情。我一直認為這就是父親能出人頭地的生存之道，完全不耍花招，擁有的就是滿腔的熱情，並且把熱情轉化成自己的習慣與個性。

從他的身上，我學到「**熱情待人才是處世之道**」。了解人心、熱情待人，才能擁有幸福的人生——這就是我父親透過他的人生傳授給我的真理，真的讓我受益良多。因此，我可以堅定地告訴你，「**體貼對方的需求並熱情地對待每個人**」，**這就是與人相處的基本原則**。

Action

不要向別人尋求熱情，
而是要成為幫對方注入活力的補給站。

法則

28 意見不合？先找出原因

不管和誰溝通，總會有遇到理念或意見不同的時候，這時候該怎麼辦呢？其實，**只要「找出原因」，就能打破僵持的局面。**

▼想解決問題，就要先找到原因

聞名全球的頂尖保險業務員法蘭克・貝特格，提出**「想成為熱情的人，行為舉止就要充滿熱情」**的觀念，一開始我也不太了解這句話的意思，後來，古希臘哲學家亞里斯多德所說的**「一切現象皆有原因」**，讓我豁然開朗。將這個真理套用在貝特格的話中，就是要先讓自己的行為舉止充滿熱情，就可以成為一個熱情的人。同樣的，溝通也是，**如果你的溝通協調與人際關係並不順利，那麼，請務必找出導致現狀（結果）的原因。**

Action

溝通時，要特別注意引發問題的「原因」。

溝通出問題時，要先找出「原因」

狀況		可能原因
與下屬間的意見溝通不良	→	你們之間的溝通次數太少
在會議上無法提出有說服力的提議	→	你需要更充足的客觀資料
會議簡報總是做不好	→	需要更充分的事前演練

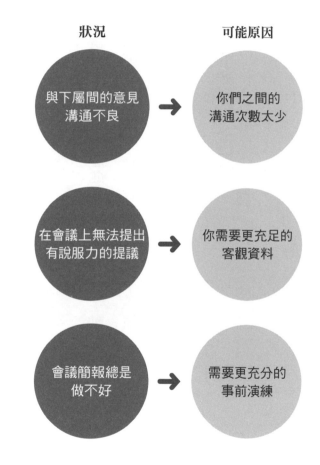

法則

29

笑，就對了！就算硬笑也無所謂

法國哲學家阿藍在著作《人生論集》中說：「嬰兒第一次學會笑的時候，他的笑容並沒有任何意思，他並不是因為幸福而笑，而是因為笑才感到幸福。」這段話讓我獲益良多。**幸福並不是等待就會從天而降，而是要主動展開笑顏，幸福才會隨之而來。**老是擺出一張了無生趣的臉就會讓心情變差，心情一旦變差，又會讓你的表情更為鬱悶，陷入惡性循環的泥沼之中。

▼笑口常開，好事就會一直來

我在讀大學時，曾經有一段不斷被留級的荒唐歲月，當時我就是陷入惡性循環之中，每天過著悶悶不樂的日子，幾乎都待在家裡，足不出戶。後來我決定主動出

做就對了。什麼都不做，有一天你就會失去你的潛能。

——勝沼精藏（日本醫學博士）

擊，打破惡性循環。我主動去找父親的朋友，對方都是具有社經地位的公司社長，我在與他們聊天的過程中尋找生活的意義。然後拋開一切，專心一致地用功唸書，閱讀各式書籍。也就是說，**先從「做」開始，讓自己養成習慣，自然就能將負面情緒轉換成正面思考。**

「隨時保持笑容」相當重要，剛開始就算是硬笑也無所謂，**養成「笑口常開」的習慣，就能避免陷入惡性循環裡。**接著，你就要走出去，盡可能地與人交流。每個人都喜歡與「笑口常開」的人交朋友，這樣做，你一定也能擁有好人緣！

Action

試著每天都照鏡子練習笑容，趕走壞情緒吧！

法則

30

「眼神」和「手勢」比說話更有效！

在日常生活裡，**一舉一動都要充滿熱情，才能順利與人溝通**。因為大家都喜歡充滿熱情的人，只要遇到這樣的人，就會忍不住想要示好。只要掌握訣竅，即使是內向的人也能看起來很熱情。我每次參加辯論比賽時都想著要如何「感動現場觀眾」，我會將這個想法轉變成熱情，就是「想做些什麼的念頭與慾望」。

眼睛會說話，表達熱情不必開口說

不過，將熱情藏在心裡並無法感動他人，唯有運用肢體語言才能表現熱情。我在辯論時眼神一定會相當有力，讓眼睛像會說話一樣，當然，也不能忽略與觀眾四目相接的機會。**說話時的聲音要保持抑揚頓挫，該強調之處就要提高音量，並配合**

手勢等肢體語言，來回走動於講台上，才能引起觀眾的興趣。

每次我這麼做，就能感受到觀眾對我的熱情回應。**不擅於表現熱情的人，不妨先假裝充滿熱情，我將這個小技巧稱為「全心投入的藝術」**。

雖然一開始是假裝，但隨著投入的程度越來越深，你就會慢慢地學習成為一個熱情洋溢的人。

我也常聽到許多演員說，「在演出的那段時間裡，我完全變成了劇中的角色。」這就是「全心投入」的觀念。

Action

全心投入並學習成為一個熱情的人，再運用肢體語言表現出來。

用肢體表現出你的熱情

眼神 ➔ 要看著觀眾，像說話一樣有力

手勢 ➔ 配合說話內容比出手勢，加強力量

聲音 ➔ 說話要有抑揚頓挫，該大聲時就要大聲

法則
31
熱情會感染，別怕用熱臉貼冷屁股

熱情可以讓自己邁向美好的未來，也能影響周遭朋友，創造出更美好的人生。**只要熱情對人，就能收到同等的回應，當這種情形不斷持續下去時，就會形成循環，影響範圍也會越來越廣**，我將這種現象稱為「熱情迴圈」。當你笑臉迎人，對方自然就會親切以對。我一直相信熱情可以凝聚每一個人的力量，感動更多的人。

「感動」是一個很簡單的詞彙，但是光靠一個人的力量並無法喚醒感動，千萬不要忘記感動的背後有一個相當縝密的過程。要實踐「全心投入的藝術」，讓你的熱情感染身邊的人，自然就能形成熱情迴圈。隨著「熱情迴圈」越來越大，影響範圍也會越來越廣，當越來越多的人感受到你的熱情時，就能創造出無限的感動。

「熱情迴圈」可以說是讓每個人都幸福的良性循環，也是人與人溝通協調的基礎。我相信**「充滿熱情的語言絕對能感動人心」**。

想要打動人心、改變眾人想法、激起眾人行動的演說家，
一定要訴諸情感，讓對方深受感動。

——亞里斯多德（古希臘哲學家）

Action

與別人溝通時，一定要積極熱情，感動人心。

只要這樣做，
就能形成「熱情迴圈」

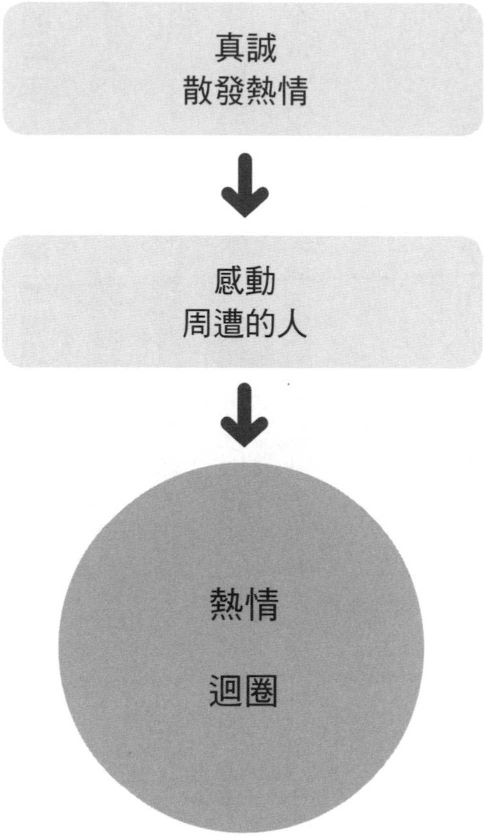

法則

32

善用「一句話」，增加說服力

你有屬於自己的「至理名言」嗎？就是在傳遞想法或表達主張時，自己創造的語詞。**只要有自己的名言，就能精準呈現想法，在向別人說明時也能增加說服力。**先前所介紹的「全心投入的藝術」就是我的至理名言。

我之所以能創造出這個名言，是因為我看過許多經典語錄，每次看書時，如果看到很喜歡的句子，我就會把它寫下來，自然而然就能創造出自己的至理名言，讓我說話更有說服力。本書中所出現的經典語錄幫助我創造出個人的至理名言，也提供給各位參考。

Action

在本書中尋找印象深刻的名句並抄下來，當成自己的至理名言吧！

盡情展現你的活力，像個勇者一般地行動，你自然就能體會到勇者的感受。而且，勇者無懼的堅定信心也能趕走你內心的恐懼與不安。

——威廉・詹姆士（美國哲學及心理學家）

法則

33 主動打招呼，「機會」就上門！

有次我參加《辯論大對抗》節目，發生一件趣事。出場前，待在休息室裡準備的我，發現大學教授「現代文」的出口汪老師就在隔壁休息室！當年考大學時，曾聽過老師主講的廣播節目，一邊聽講座一邊學習現代文，我是老師的忠實觀眾。

拿出勇氣與熱情，機會就在身邊

我根本忘了等一下還要錄影，跑到老師的休息室去打招呼，後來在開始比賽前，我還跟他攀談了3次。老師當時也要參加錄影，我想我一定讓他感到很困擾吧！錄影結束後，我在休息室的桌上看到出口老師的著作與名片，拿起名片一看，發現上面寫著老師的手機號碼，還特地留言「打電話給我」。在這一刻，我立刻向老師的著作與名片深深地一鞠躬。

老師是真心感受到我對他的真誠與熱情，才會特地留下聯絡方式。後來事情的發展真是出乎意料，錄完影4天後我與老師見面吃飯，一個月後在老師的介紹下，認識了出版社的編輯。沒想到在跟編輯聊了5分鐘之後，竟然就決定要出版我的第一本書。那一瞬間讓我深刻感受到**「人的際遇真的會改變一生」**的道理。如果當時我對出口老師過於敬畏，或是覺得不好意思而沒向老師打招呼的話，這本書根本就沒有機會與大家見面。

勇氣與熱情真的能感動人心，千萬不要害怕畏懼，努力去做卻失敗的不甘心，與什麼都不做的懊悔心情相較，絕對是「什麼都不做的懊悔心情」造成的心靈傷害更嚴重。拿出勇氣往前跨一步，掌握眼前的緣分，就能遇到改變一生的命定際遇。

Action

當你很高興能認識某人時，之後一定要再打電話或寫e-mail表達自己的想法。

未來並非偶然，而是平時一點一滴建立起來的。

——杜蘭夫婦（Will and Ariel Durant，美國哲學家）

法則

34

「熱情」是良好溝通的第一步

目前我也在大學教授溝通理論的課程，在坐滿200名學生的課堂中，沒有一個人在底下竊竊私語或是打瞌睡。很多大學職員都說這根本就是「奇蹟」。為什麼我的課堂會發生奇蹟？原因在於我在第1堂課就跟學生約法三章「上課守則」，而且彼此遵守約定。

一上課我就在黑板寫上大大的「不要再吊兒郎當了！」然後跟學生說：「我是外聘的講師，你們是這所大學的代表，如果你們上課態度不好，當有人問我這所學校的上課情形時，我只好含糊帶過。因此，我希望你們要有自覺，以大學代表的身分好好上課。相對地，我向你們保證，我也會以積極熱情的態度，傳授對你們真正有用的內容。」

想要別人真誠回應，就要先拿出熱情

我說這些話並不是要對學生虛張聲勢，而是我內心真正的想法。我要真心誠意地拿出熱情教課，就必須認真地面對學生，展現我的熱忱。當我這麼做時，學生心中就容易對我留下深刻印象，認為我跟之前的老師不太一樣，結果就是每個學生都很認真的上課。

這個世界上有很多人不願意真心對待他人，當你遇到這樣的人時，一定要相信**「只要我真心誠意地對待他，對方一定也會敞開心房接受我」**。當然，每個人遇到的狀況都不同，**不管面對什麼情形，只要真誠地尊重對方，熱情積極的溝通**，我相信在你身邊一定也會發生「奇蹟」。

Action

仔細檢討自己在溝通時的態度是否認真。

法則

35

說話的「品質」，要不斷地練習

「有志者事竟成」是一句大家常聽到的俗語，告訴我們只要努力一定會成功。日本的分子生物學家福岡伸一先生，曾在專欄中寫道：「大部份的專家都曾經有過一段特殊的時期，無論在哪一個國家，不分男女，這些專家從小到大至少花了1萬個小時專注於某件事情上，而且每個人都孜孜不倦地努力鑽研。」由此可見，**成功絕非偶然，想要得到甜美的果實，就一定要先努力付出。**

▼在練習中提升說話品質

因此，假設每天平均花10小時認真做某件事，3年總共就投入了一萬零九百五十個小時。而這也正是告訴我們兩大重點，即：

重點1 **必須打從心底喜歡這件事，並在做的過程中感受到無比的喜悅，如此一來才能投注時間，持續的做下去。**

重點2 **大多數的專家都曾經有過「把量轉化成質」的經驗，因為投注許多時間，才能將一開始很低劣的「質」，慢慢磨練到優良的程度。**

其實在說話術與溝通技巧上，「量」也占有很重要的地位。**每天不斷地練習，累積溝通經驗、嘗試錯誤，就能逐漸提升你的說話品質。**

Action

每天抽出時間練習說話，把「量」轉化為「優良的品質」。

法則

36

說話有魅力是「練」出來的

我是一個慢熱型的人。無論是從小打到大的棒球、保齡球或是在大眾面前開口說話，我的第一戰都打得十分慘烈。打棒球時一直被三振；打保齡球時也一直在洗溝；在大眾面前開口說話時，更是緊張到全身顫抖，滿臉通紅，連話都說不好。假設一般人花10小時就能學會的事情，我一定要花20小時才能看出成果。也正因為如此，我個人的座右銘就是「不要放棄，持續努力」。

我在22年前開始接觸辯論，很幸運的，現在不只能上節目，還能出書，甚至還有人邀請我去演講。千萬不要因為一開始做不好就放棄，不過，也不要因為這樣就設立太長遠的目標，會很容易因為喪失鬥志而放棄夢想。為了避免這個問題，**最好將大目標分成好幾個小目標，再按部就班完成。**

▼不斷練習，就能說出一口好話

「先花500小時學會專業知識，再花3000小時成為該領域的專家。」每天能持續投入30分鐘，三年就是574.5小時，就能學會專業知識了。以完成度與時間為基準設立確實的小目標，循序漸進地完成大目標，時間的量能慢慢地轉化成實際成果。

在辯論研討會中，曾經發生過一個真實案例。某位學生在第一次參加辯論比賽時，需要花10小時進行準備。但就在他參加過10次辯論比賽後，他變成只要花2小時就能做好準備，這就是時間量轉化成質，進而展現出成果的最佳範例。不要放棄、持續努力，讓你發光發熱的時刻一定會到來。

想學會充滿魅力的說話術，就要每天不斷訓練才行。幸運的是，在日常生活或是職場中，都有很多可以練習對話的機會。

Action

想研究或有興趣的事物，要持續不間斷地付出努力。

日本有句俗話說：「在石頭上坐三年」。
但是也不能鬆懈在一年內學會三年經驗的上進心。
——松下幸之助（松下電器創辦人）

Chapter 4

第一眼印象，決定說話的成敗！

不管內容再怎麼精彩，
如果說話方式與外表令人覺得不舒服，說再多也沒用！
先整理好自己，再加上充滿熱情的幹勁，
說話一定能打動人心！

法則

37

「有點吵」的音量，讓人印象深刻

「聽到他的聲音就覺得安心。」

「聽到他的聲音就覺得焦躁。」

明明在討論同一件事，說話者的聲音卻很容易給人截然不同的感覺，千萬不要輕忽聲音給人的印象。

辯論會的成員裡，有一位在三井物產服務的中村先生，他在參加辯論比賽時，即使是代表立場薄弱的一方，依舊能獲得觀眾的支持，最後贏得勝利。

我們應該向中村學習的就是「音量的大小」。他每次論述時，都會以全場聽得到的音量說話。他原本就是一位積極熱忱的男性，再配上中氣十足的聲音，充分展現出真實的個性。因此，即使論點不夠縝密，他還是能抓住觀眾的目光。

真正的勇氣是在極端的怯懦與魯莽之間。

——塞萬提斯（Miguel Cervantes，西班牙作家）

講話不要像貓叫，大聲說話沒什麼不好

公司裡我最尊敬的「人生導師」曾經教我一個道理，「就我個人的經驗，聲音大的人大多是領袖或是有眾望的人，因此一定要跟這樣的人做朋友，如此一來，你就有機會借助他的力量擴展人脈。」

說話的音量，會立刻改變別人對你的印象。我是一個辯論家，也是一位業務顧問，需要在客戶面前做簡報，所以要相當注視音量大小。我會盡量提高音量，以清晰的語調說話，但要注意，千萬不要做過頭。我曾經好幾次被公司前輩叫出去罵：「你的聲音太大了！」因此，一定要隨時注意時間與場合。不過，**如果你平時說話聲音就很小，不妨試著以會讓你感到「有點吵」的音量來說話吧！**

Action

先稍微提高你打招呼的音量吧！

法則

38

錄下自己罵人的聲音，聽聽看！

你了解自己的聲音嗎？很少有人在說話時，會注意自己的聲音在別人的耳裡聽起來如何？

聲音會改變一個人的印象，從客觀的角度了解自己興奮或生氣時的聲音，便顯得相當重要。姑且不論你說的話有多精彩，如果音量細如蚊子，不僅沒有說服力，也無法打動對方。

落語家（台灣叫「說相聲」的人）三遊亭圓丈大師，曾經說過這段話：「**我們平常聽到的聲音是透過身體所發出的，錄下來的聲音才是自己的聲音。**」因此，不妨將自己的聲音錄下來聽聽看吧！然後邊聽邊研究，可以幫助你找出自己說話的習慣，以及應該改善的地方。

這個世界不過是一個舞台，過好自己的人生就像是演好一場戲。

——金口聖若望（St. John Chrysostom，希臘主教）

不用麥克風的音量才是真實的聲音

了解自己的聲音特色後，就可以做發聲練習。我個人很推薦在KTV包廂中練習，可以輕鬆自在地發出聲音。**練習時絕對不要使用麥克風**，雖然將麥克風的回音開到最大，會讓聲音充滿魅力，但發聲練習的重點就是不能仰賴麥克風，要靠自己的力量發出聲音。

練習重點在於「在自然放鬆的情形下，你可以發出多大的聲音？」另一個重點則是「你可以發出多高及多低的聲音？」在發表重要簡報或談話前，不妨將KTV包廂當成訓練室，在裡面做發聲練習，效果非常好。

Action

首先錄下自己的聲音，反覆聆聽確認吧！

法則

39

1分鐘說300字，聽起來最舒服

我最喜歡的落語家是立川志之輔先生，有一次我在聽他的落語表演CD時，發現了一件事。這張CD是十幾年前錄音的作品，他當年的落語表演總是讓我覺得怪怪的，於是我拚命地想找出原因。後來我發現，「以前立川先生的說話速度，比現在還要快。」

說話速度會深深影響聽者的感覺，速度太快時，有時候會給人負面印象。想像你正在講電話或是與人溝通，如果對方說得太快，就會讓你覺得很急躁，總是定不下心來。如果想要克服說話太快的缺點，避免讓聽眾覺得急躁，**一定要每天練習，慢慢調整說話速度，展現出清晰易懂的說話內容。**

你說話的態度和內容一樣重要，
因為多數人都等著被取悅，並非真的想了解什麼。
——切斯特菲爾德（Chesterfield，英國政治家）

說話語調「平穩」，最讓人有安心感

但是，究竟多快的說話速度，讓人聽起來最舒服？以我個人的感覺而言，我認為**「1分鐘300字左右」是最合宜的速度。**一般報紙專欄的字數大約是600～700字，如果唸出來大約需要2分10秒。以這個數據為基準的話，1分鐘說400～500字的速度的確很快。

與公司同仁開會或是跟朋友聊天時，由於大家都會有共識，因此在說話速度上不會有太大問題，**但如果是與第一次見面的人說話時，請務必刻意放慢說話速度。只要速度適中，就能給對方沉著穩重的感覺，讓人安心。**

Action

向身邊的人確認自己的說話速度，並且找一篇報紙專欄，大聲朗讀內容。

法則

40

擺出「苦瓜臉」，沒人想理你

一個人的氣色與肌膚彈性會影響別人對自己的觀感，不管你的說話內容多麼縝密，用語多流暢，對方還是先注意到你的臉部與肌膚。當然，並不是說你一定要是帥哥或美女才行，**但氣色如果看起來很差，肌膚顯得很鬆垮，那麼你所表達的意見，在別人耳中聽起來也只會達成一半的效果**。

假設跟你說話的人氣色看起來很差，你可能也無法仔細聆聽他在說什麼，而且會擔心對方的健康狀況。氣色與肌膚的彈性代表了一個人的健康程度，當你越健康，就越能讓對方放心且專注地聽你說話。

我平常習慣以三溫暖來保養我的臉部與肌膚。蒸氣浴可以促進肌膚血管的擴張，泡冷水則能收縮血管，緊緻肌膚。

對人生來說，健康並不是目的，但它是首要條件。

——武者小路實篤（日本作家）

經常泡澡或三溫暖，就會擁有好氣色

三溫暖具有擴張與收縮的雙重特性。如果世間萬物只擴張或是只收縮，有一天一定會崩潰。就像是一直在氣球裡灌氣，氣球遲早會爆裂一樣的道理。對人體來說，不斷重複擴張與收縮的動作就像是幫浦一樣，可以促進血液循環。當你的氣色看起來很好時，整個人就會感覺容光煥發。

我所認識的公司老闆裡，有很多都是三溫暖的愛好者，他們總是充滿活力，看到他們就能讓我感受到，好氣色與光采肌膚真的能幫助事業蓬勃發展。不過，**三溫暖的效果還是因人而異，最好能先諮詢醫師，確認自己的體力與身體狀況後，再有效運用。**

Action

隨時注意自己在他人眼中的樣子，找出適合自己的健康方法。

法則

41

好點子都是「走」出來的

不論是晴天或陰天，我每天一定會走路上班；回家也是，只要我有時間，就一定會走路回家。讓我之所以如此堅持的原因，是因為走路可以儲存三大「財富」：

❶**存金錢**：走路可以省下往返公司的交通費，而且完全不花一毛錢，這就是走路的好處。

❷**存肌肉**：肌肉約占體重的45%，是人體內最大的器官，而且全身有75%的肌肉遍布於下半身。走路可以增加並鍛鍊下半身肌肉，有效增加外在魅力，讓人看起來更有活力。

❸**存創意**：走路可以活化腦袋，雖然身邊的人都會投以詫異的眼神，**但適度運動的確可以促進腦袋運作。**我也經常在走路時，突然想到演講的內容或是工作上的好點子，湧出無限創意。

健康是人生第一財富。

——愛默生（Ralph Waldo Emerson，十九世紀美國思想家）

氣色黯淡、滿身肥肉的人，講話很難有說服力

無論身為講師或業務顧問，學生與客戶都會很注意我的體型與氣色等外在條件。肥胖的醫師如果提醒大家要注意生活習慣，可能沒人會相信；同理可證，如果我的氣色黯淡、滿身肥肉，不管說的內容再怎麼精彩動人，還是無法取信於大眾。

想像一個挺著啤酒肚的人，在台上慷慨激昂地說：「熱情是很重要的！」而且渾身贅肉亂晃，我相信大家都會認為我一點說服力也沒有。因此，**想要展現出超越語言的說服力，就一定要維持良好的外表。**

Action

鍛鍊身體吧！養成每天運動30分鐘的好習慣。

法則

42

別讓「口臭」毀了一切！

我所屬的辯論團體中，有一位很愛發問的橫山先生，他曾經問過我一個問題：「很多人都沒有注意到自己有口臭的問題，而讓自己失去很多機會。太田大哥，你都會做什麼來避免不好的口氣，讓別人喜歡你呢？」

無論你的說話技巧有多高明，如果因為自己不好的口氣讓對方覺得不舒服，或是在不知不覺間，對方的思緒早已飛到九霄雲外，那真的是得不償失。你一定要記住，**「溝通就是要打開視覺、聽覺、嗅覺、味覺與觸覺，運用五感全心投入。」**

我平時是一個業務顧問，相當注重口腔氣味的問題。吃過飯後我一定會刷牙，或是吃口香糖消除味道。就我個人經驗而言，通常都是在唾液量太少，也就是口腔內部太乾時，才會容易產生不好的口氣。

預防勝於治療。

——伊拉斯謨（Desiderius Erasmus，尼德蘭人文主義者）

多用鼻子呼吸，口臭自然遠離

《呼吸力體操：提升免疫力的健口操》的作者今井一彰大師曾經說過：「經口呼吸會使免疫力下降，成為百病之源。」正指出舌頭的位置與用嘴巴呼吸息息相關，不妨確認一下，當自己嘴巴緊閉時，舌尖在哪個位置呢？

如果你的舌尖會頂住門牙內側，那你很可能會過度依賴用口呼吸；舌尖正確的位置應該要貼合上顎。**為了避免口腔內部過於乾燥，平常應盡量避免用嘴巴呼吸，**一定要善用鼻子呼吸，取得身心平衡。

Action

避免用嘴巴呼吸，養成用鼻子呼吸的習慣，告別壞口氣。

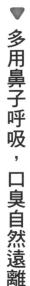

法則

43

精神越好，越有主導權

在落語界中獨樹一格的立川談志先生曾經說過：「疲憊時的自己是真的自己嗎？」當我累的時候我就會焦躁不安，有時還會遷怒別人。人會因為疲勞而無法控制自己，自然也就無法好好溝通。我覺得唯有疲勞時，才看得出一個人真正的價值。能在如此嚴苛的狀態下，穩住自己的情緒，親切對待他人，才是真正的「強者」，也是值得尊敬的人。

▼每天運動增強肺活量，說話更有力道

話說回來，人無法避免疲勞。因此，**更要鍛鍊身體，維持充沛的體力，才是避免疲勞最好的方法**。以我個人而言，我每天都會運動，維持並增強體力，保持身體

想要提升心靈，就要注意身體健康。

——笛卡兒（René Descartes，法國哲學家）

與精神的平衡。除此之外，我每週都會固定按摩一次，消除疲勞。

每個人都有自己喜歡的運動或是消除疲勞的方法，如果你沒有建立一個明確的計畫，很容易就會陷入疲勞狀態。著名的德國文豪歌德曾說：「唯有朝氣蓬勃才能克服病痛。」

歌德晚年深受疾病之苦，常常去泡溫泉療養。就在他積極療養之下，終於消除了身體上的疲勞，恢復充沛體力，讓他晚年依舊能持續創作，直到82歲逝世為止。

所以，**試著找出讓自己有活力的運動方式，及消除疲勞的方法，並養成固定運動的習慣吧！**

Action

找出自己可以輕鬆維持的運動方式，每天進行吧！

法則

44

常說「謝謝」的人，最有魅力

我常請同為「燃燒的心靈」成員中村先生，在我主辦的辯論研討會中擔任講師，他對學生們相當客氣，也很有禮貌。不過，他並不是一個沒有個性的人，遇到不遵守上課禮節的學生，他也會嚴厲指責，是一位面面俱到的老師。

「禮貌讓你充滿魅力也為你帶來好處」，這是古希臘三大悲劇詩人之一歐里庇得斯（Euripides）的名言。從這句名言來看，中村的「謙和有禮」充滿了魅力，也代表他的個性。

中村的一位學生曾經在討論會後的聯誼上這麼說：「姑且不論我學會多少業務技巧，如果我無法讓身邊的人信賴我，對我感到放心，那麼我根本不能說是在運用這些技巧，反而是一個只會賣弄技巧的討厭鬼。所以，我認為向中村老師學習他謙和有禮的態度，才是發揮業務技巧的捷徑。」

在社會中，笑容是一個人最好的裝扮之一。

——薩克萊（William Makepeace Thackeray，十九世紀英國小說家）

「禮貌待人」就能收到親切的回應

我一直認為當老師的人一定要在品格上出類拔萃。對於傳授者而言，除了教學的內容與技巧之外，如果連品格都能受到他人讚揚，那才是真正的榮耀。**「謙和有禮的態度具有感染力」**，這是我的親身體驗，由於中村待人謙和有禮，連帶影響他身邊的人，開始也對別人客氣親切。

只要你禮貌待人，別人一定也會客氣以對；相反地，如果你粗魯無禮，最後還是會傷害自己。**謙和有禮不只能穩固人際關係，也能建立起順暢溝通的基礎；而禮貌則讓人充滿魅力，也能帶來好處。**

Action

從今天開始，將「謝謝」當成口頭禪吧！

法則

45

常看表演，讓你說話更有哏

你聽過日本人常說的「藝談」一詞嗎？藝談是對表演活動的探討。其實，藝談裡蘊含了許多表達與說話術的靈感。像我每次去看我最喜歡的落語時，一定會盡量多找一些朋友去。雖然我們都不是藝人，但在看完落語家的演出後，我們互相討論剛剛看表演時的發現與體會，針對演員的聲音或手勢盡情抒發意見。

看完表演後的心得，常是靈感來源

假設我先提出一個模稜兩可的評論：「那個落語家的聲音聽起來很舒服。」接著，剛剛一起看表演、同時也是「燃燒的心靈」成員井上就會說：「你說聲音很舒服的意思是指節奏很明確吧！也就是說，因為聲音有抑揚頓挫，所以聽起來很舒

在自己站的地方往下深挖，泉水一定會從那裡湧出來。

——高山樗牛（日本明治時期思想家）

服。」他會**用具體的語言解釋抽象的講法，這就是我們自創的「藝談」。**

我們討論的目的，是為了要具體表達我們的感受，相互理解，以幫助我們運用在日常生活的溝通協調和工作上。**與一起欣賞表演的同伴相互討論，就能獲得日常說話時的表達靈感。**

平常喜歡打棒球的人，不妨約自己的隊友一起去美術館、看舞台劇或是電影。雖然都是與棒球沒有直接關係的活動，但是在與隊友之間的討論過程中，你一定也能獲得與棒球技術有關的啟發。知名的日本職棒巨星長嶋茂雄曾經對年輕時的松井秀喜說：「休假時盡量接觸藝術類的事物。」因為他知道，松井選手一定可以從中獲得成為一流打者的啟發。

Action

多與朋友相約看表演，從中獲得溝通與表達的靈感。

法則

46

模仿前輩或電視名嘴，練習說話

▼模仿偶像的說話方式，會更有魅力

我從學生時代起就很崇拜明石家秋刀魚及北野武等搞笑藝人。我認為「只要行為舉止能像他們一樣，就一定會受女性歡迎。」於是我拚命模仿他們的口吻。姑且不論我是不是真的受女性歡迎，至少我因為模仿他們，而讓身邊的朋友都感到很開心。如果你的目的是磨練自己的溝通能力，在工作上做出成果的話，**向父母、公司長官與前輩等身邊的人學習，會比模仿知名藝人來得有用**，再加上他們就在身邊，能隨時學習仿效，效果特別好。

順帶一提，我個人的模仿對象是日本歌手鄉廣美，因為鄉廣美一直很注重外表，總是維持年輕的心靈與體態。我想要像他一樣擁有優雅從容的儀態，所以我每

與其責罵小孩，不如以身作則。

——儒貝爾（法國哲學家）

天都假裝自己是鄉廣美，不斷訓練自己。

在說話術方面，我的目標是同公司有「人生導師」之稱的前輩，我向他學習溫和沉著的語氣。藉此建立起客戶也無法動搖的自我形象。

模仿說話的步驟

STEP 1
想像自己希望變成的模樣或是崇拜的特質。

↓

STEP 2
從名人或身邊的人，找出符合想像的對象。

↓

STEP 3
模仿對方的說話方式、姿勢、舉止、臉部表情，體驗對方的感受。

↓

STEP 4
分析對方的行為舉止，思考「為什麼他能做得這麼好？」

Action

仔細觀察崇拜的名人或前輩，並模仿值得學習的地方。

法則

47

多看「相聲」表演，學習說話

我一年會看30場左右的「落語」（註），我認為從落語家身上可以學習到說話術，所以我才會看得這麼勤。落語家俗稱「說故事的人」，一個人必須扮演好幾個角色，彼此對話。

靠著不同的發音方式、語調、臉部表情以及上半身的肢體動作，表現出每個角色的心理狀態，吸引觀眾目光。因此，我認為落語家才是真正的說話專家。

練習不看講稿，磨練說話技巧

欣賞落語（相聲）是學習極致說話術的最佳機會，沒看過落語的人，不妨先去看立川志之輔大師的現場表演，他的演出風格淺顯易懂，很適合初次接觸落語的人

這世上還有好事，也有可以傾訴的對象，所以我對人生還有希望。

——引自電影《海上鋼琴師》（The Legend of 1900）

欣賞。

當然，你也可以選擇自己喜歡的落語家。一般來說，超過30分鐘的落語段子稱為長講，桂米朝大師的作品《帶久》就長達45分鐘，換算成文字，竟多達一萬八千七百二十字左右。如果寫在一頁400字的稿紙上，大約要寫50張。換句話說，桂米朝大師必須在完全不看劇本的狀況下，完成這段表演。

因此，我每次看完落語表演，總是不斷提醒自己，一定要在不看講稿的狀況下，完成演講或是授課內容，因為落語家都是在沒有看稿的情形下，完成生動又有趣的演出。

註：日本人的「落語」，類似台灣「相聲」。都是演員不看稿的表演。

Action

找一個自己喜歡的落語（相聲）家，觀賞他的表演吧！

法則

48 從舞台劇中學習「口條」和「魅力」

辯論研討會有一個戶外教學的課程，叫做「視覺模仿」。這個課程是要在與辯論無關的其他領域裡，嚴選出一流的舞台與現場表演，並將從中學習到的體驗運用在辯論比賽裡。其實不只是辯論比賽，也可以融進溝通協調，或是業務簡報。

不管是看哪一類型的舞台表演，如歌舞伎、木偶劇等，一定要學習的兩大重點在於：

POINT 1 說話的聲音

也就是「口條」，舞台劇的特色就是演員要用對觀眾來說最舒適的音量、語調、說話速度與抑揚頓挫等，詮釋自己的台詞。在寬敞的劇場裡，完全不用麥克風就能震懾全場的演員實力，真的讓我受益良多。

POINT 2 **演員的魅力**

所謂的「魅力」包括「絢爛」與「迷人」等不同元素，也就是生命的躍動感。

即使是年紀較長的演員，「演藝魅力」還是最重要的必備條件。在舞台劇的世界裡，就算演員的技巧精準無誤，如果演技太平淡，就會被批評為「韻味不足」。

以別的詞彙來比喻「魅力」，就是「光采」、「氣氛」，也就是本書第8章的內容。**我們要從中學習無形的「魅力」，努力磨練自己的品格。**

Action

開始欣賞表演，並學習演員的口條及魅力。

法則

49

別一直猛講，注意別人的感受

在辯論比賽結束後，會由第三人來決定勝負，也就是要判定正方與反方，哪一方比較有說服力。或許有人會對一定要分出高下的辯論規則感到不滿，但辯論比賽的勝負並不是針對主題，而是針對參賽者的辯論能力。無論如何，參賽者都要接受第三人的評斷，檢視自己的發言與行為，不斷提升辯論技巧。

▼隨時注意自己在別人眼中的模樣

其實並不是只有辯論比賽才會由第三人決定勝負。我在大學演講時，曾經問底下的學生：「你們認為人生是由自己開創的嗎？」針對這個問題，有九成的學生回答「是」。我想不只是學生，應該所有人都會回答「是」。但是，我認為這個問題

大眾是最聰明，也是最公正的。我們要隨時思考如何滿足大眾的期待，如何服務大眾，將這個想法視為經營事業的基礎，完成自己的工作。

——松下幸之助（松下電器創辦人）

的答案不是絕對的，**因為人生取決於「他人的評價」**。

舉例來說，不管你有多用功參與考試，最後還是要由大學校方決定你是否上榜；無論你多有能力，還是要以公司方針為基準，決定你是否被錄取；你能不能升遷，也是要看公司高層的意思。總而言之，在某種程度上你的人生是由你自己開創的，但如果沒有贏得他人的支持，你依舊無法得到想要的結果。

我並不是否定只靠自己力量努力向上、開創人生的做法，我只是想要提醒各位讀者，**在這個世界上隨時都有人會評斷你的言行、決定你的未來**。無論在日常生活或是在人生道路上，「客觀看待自己」是很重要的關鍵，**隨時確認自己的言行在他人眼中的模樣，注意第三人對你的評價**，才不會侷限在自己的世界中。

Action

平時就要養成以「客觀的眼光」看待自己，別當井底之蛙。

法則

50 有時候，「小動作」是說話大忌

你是否注意過自己有哪些小動作？這些小動作會給別人什麼感覺？是否令人喜愛？我發現除了說話內容外，小動作也是很重要的關鍵。

其實，**從肢體動作上就可以看出一個人的特質**。因此，為了避免行為舉止不當，有兩個小祕訣可以讓你更加優雅端莊：

祕訣1 保持身體的左右對稱

在辯論的世界裡必須重視反方的意見，取得兩邊的平衡。在外表上也是如此，**不偏不倚的動作看起來是最美的，而且還能給人沉穩與安心的印象**，比較容易博取好感。站立時不要將身體重心放在某一邊的腳上，而是要用雙腳平均支撐，就能站出左右對稱的姿態。

在聽對方說話時，雙手不要晃來晃去，應該將手肘靠在桌上，手腕微微彎曲，手指相交。手腕的彎曲弧度，可以給人溫柔優雅的感覺。此外，要隨時注意身體的中心，**想像自己是一尊木偶，頭上有一條線拉著你，讓身體往上延伸。**如此一來就能端正儀態，看起來也會左右對稱。

祕訣2 拍下自己說話的樣子，以客觀的眼光審視影片

從影片中確認自己的小動作與姿勢，就會發現許多自己從未意識到的問題。當你想讓自己的儀態更好，自然就能矯正問題。我有許多自己的影片，這些影片都是我最好的話術教材。我剛進社會的時候，公司上司曾經跟我說：「你說話時下巴會往上揚，給人一種傲慢的感覺。」

當下巴往上抬起20度左右時，會給人傲慢自大的感覺；但如果你的下巴往下縮20度左右，又會給人不信任他人的印象。因此，最重要的還是平衡，**下巴不要上揚或往下縮，眼睛平視對方，維持零度的水平線，就能給人誠實坦率的感覺。**

說話時絕對要避免的「四大NG動作」

❶ 眼神飄忽不定，看起來就沒有自信

❷ 雙手扭扭捏捏，看起來就很不穩重

Action

錄下自己的影片，確認沒有讓人討厭的「小動作」。

❸ 用力搔頭的樣子，看起來就很粗線條

❹ 坐在椅子上，雙腿張開說話，給人粗俗無禮、沒氣質的印象

法則

51

突然冷場，不一定是壞事

說話時通常都會夾雜著「咦？」、「啊？」等語助詞，或是會出現沉默的「空檔」。別人常常問我「說話時究竟該如何才能克服語助詞與沉默的尷尬？」

以「旋律」與「節奏」來比喻說話技巧，就比較容易了解這個問題。首先，「旋律」是指「主調」與「小節」，也就是由一連串音符所組成的「音樂」。如果將「咦？」、「啊？」或是沉默有意識地放在旋律裡，就不會顯得突兀。

只要配合話題的「劇情發展」有意識地運用語助詞，就不會讓人感覺奇怪。另一方面，沉默也有分適當的沉默與糟糕的沉默。**配合「話題走向」有意識地創造「空檔」，就是適當的沉默。**也就是說，有意識地運用「空檔」並不是糟糕的沉默，你應該告訴自己：「安靜無聲並不是一件恐怖的事情。」只要巧妙運用「空檔」，就能讓說話旋律（走向）更有深度。

▼忘詞很尷尬？沉住氣，環顧聽眾一樣有魅力

老實說，不管你多麼專注，總是會有不知道接下來要說什麼的時候，遇到這種情形時，不妨善用「空檔」反轉劣勢。忘了要說的話時，千萬不要顯露出不知所措的樣子，而是要沉住氣，慢慢地環顧會場。**安靜地環視全場就能做出「空檔」**，也能立刻吸引聽者的注意。

在環顧的過程中，其實腦袋裡拚命在想要說的話，但其他人完全看不出來。只要學會這個技巧，不管腦袋裡有多空白，都不會讓自己亂了陣腳。

製造「空檔」，就能有三大效果

1. 將聽者的注意力集中在自己身上。
2. 利用安靜的「空檔」，讓吵雜的會場突然安靜下來。
3. 可以轉換現場氣氛。

↓

運用「空檔」時一定要注意，千萬不能忽略對方的反應，如果不管對方，可能會讓人感覺「你是不是不知道要說什麼」，而開始感到擔心。

說話沒有抑揚頓挫，就沒有重點

接著是說話的「節奏」，也就是聲音的「強弱」。說話節奏的重點就是要有抑揚頓挫與輕重音。**說話時不要一直保持同樣的音調，該強調的地方就要大聲**，或是敲擊黑板或桌面。

有意識地調整聲音的「強弱」，就能讓說話內容像海浪一樣「忽近忽遠、忽遠忽近」，讓聽者感到舒服自在。主動創造說話的旋律，在整個「走向」裡增添抑揚頓挫，營造出「強弱」節奏。**讓人聽起來舒適順暢的說話技巧，就是充滿旋律與節奏**，像歌曲一樣動人的音樂。

Action

在對話中有意識地做出「空檔」，加強話題的重點。

Chapter 5

這樣發問，人人都會掏出「真心話」！

「發問方式」百分之百影響溝通品質，
學會問問題，就能輕鬆掏出對方的「真心話」

法則

52

先「聽進去」別人說的話，再開口

說話不是演講，不要一味地表達自己的意見，而是要接受別人所提出的反對論點，才能在這個基礎上說出自己的主張。因此，一定要先聽對方把話說完，從頭到尾都要保持接受他人論點的態度。

「接受的態度」會讓你在表達自我主張時更有說服力，也更容易讓你的論點被接受，我將這個接受的態度稱為「理解的藝術」。外界很容易把辯論誤認為是專門用來駁斥對方的說話技巧，事實上，「接受對方的論點」才是最重要的關鍵，**因為如果不接受對方的論點，根本就無法提出確切的主張與反對意見。**

▼學會傾聽，別人會感動在心裡，對你產生信賴感

「理解的藝術」也能運用在日常生活對話與工作溝通時，**只要能常保持接受與理解的態度，就能讓他人更喜歡親近你。**每個人都迫切希望有人能好好聽他們說話，當你仔細傾聽對方的心聲時，就能取得「對方對你有好感」的優勢，這就是為什麼善於傾聽的人比會說話的人更容易感動人心的緣故。

想實踐理解藝術就必須學會「傾聽」，在開口說話之前，先從「傾聽」做起。

Action

檢討自己是否總是說個不停，沒有認真傾聽對方說的話。

法則

53

把自己當成記者，多提問就對了

無論是日常生活或是工作場合，每個人都會遇到無法與對方溝通的情形。當然，你可以輕鬆地說「是因為我們的價值觀不同」，就可以無須面對這個問題，但這個做法並不能改善溝通成效。話說回來，「價值觀」就是認為某件事是否具有價值的想法。我個人認為**「這個世界上並沒有價值觀完全相同的人」，而這樣的想法能讓我在溝通時更順利。**

有時候會遇到一見如故的新朋友，正慶幸自己「遇到價值觀與自己一樣的人」，但相處久了後，卻又吵架翻臉。之所以會出現這種狀況，就是因為「你認為對方應該是與你有相同價值觀的人，但他卻背叛了你。」

請教不了解的事情並不可恥，別人指出你的錯誤也不可恥。

——伊拉斯謨（尼德蘭祭司）

多問、多問，還是多問，才能知道對方的想法

在溝通時將價值觀想像成是一種抽象，如雲一般難以捉摸的詞彙，就比較能處理對話中所出現的問題。**所謂的抽象，就是每個人對於價值觀的具體印象可能不同**，有些人會完全按照字面上的意思去解讀；有些人會從「感覺」、「個性」去切入；也有人會認為「想法」就是價值觀。

因此，**磨合彼此對用語的定義是很重要的過程。**提出「你最堅持的地方是什麼？」、「你最不能接受什麼樣的人？」等問題，就能有效磨合「價值觀」。這類問題容易看出一個人的基本原則，也能幫助你掌握自己與對方相同和不同之處。

Action

多提出問題，能更了解身邊親朋好友的價值觀。

法則

54

「問錯」比「說錯」更糟糕

辯論比賽裡有一個「質詢」的階段，正反兩方可以在這個階段詢問對方，這是整場比賽裡唯一可以與對方互動溝通、相互磨合的機會，因此有人說：「交互質詢是辯論的精髓」。

話雖如此，質詢並不是一朝一夕就能練成的技巧。我主持的研討會也有傳授質詢的規則，但每次要實際質詢時，學生們卻從頭到尾都在表達自己的意見，根本沒有真正地提問。事實上，提問需要高度技巧，正統的質詢過程是先聽完對方發言，再提出問題，接著再聽對方如何回應，然後再次提問。重點就是要「理解」對方的意見與回答，這一連串的過程就是一種溝通技巧，可以運用在工作與生活之中。

即使是最愚蠢的人，也可能問出難倒最聰明人的問題。

——查爾斯•凱萊布•科爾頓（Charles Caleb Colton，英國牧師）

別急著發問，先把對方的話聽完

提出適當的問題就能更接近對方的想法；相對地，如果提出的問題非常不合宜，對方就會關閉自己的心，不願意再進一步溝通了。**提問的本質就是要表現出你對他的興趣，因此，一定要先仔細傾聽對方所說的話。**

在見面之前，應該要盡可能地調查對方的一切，例如向認識對方的人打聽，或是在網路上搜尋對方的資料。仔細瀏覽相關資料，就能了解對方的想法及興趣，也較容易提出具體有效的問題。

辯論的質詢原則就是，你必須先理解對方的發言才能提出問題。其實，**「接受」的態度在日常對話中也是很重要的關鍵**，只要能實踐之前所說的「理解的藝術」，你就能加強自己的提問力。

Action

跟新朋友或新客戶見面前，先搜尋對方的資料，問出來的問題才會「有水準」。

法則

55

初次見面，別問「你的想法是？」

如果想要縮短與對方的距離感，可以使用下列兩大提問方式，幫助你迅速打入人心。

這樣提問，幫助你深入對方的心

❶ 限定發問法（4W2H）

What	何事	How Much	多少
When	何時	How Long	多久
Where	何處		
Who	何人		

↓

就是答案只有一個的提問方式。當對方提出這些問題時，另一方就只能回答對象、時間、地點、人物、金額（量）、期間等限定答案。

❷ 廣泛發問法（2W1H）

What do you think(do)	你會怎麼做？
Why	為什麼？
How	如何做？

↓

就是無法限定答案，但可以讓對方說出具體的內容。不過像是「你有什麼想法」、「你會怎麼做」、「為什麼」等問題的答案相當廣泛，提問者也很難預測對方會說出什麼內容。

只要盯著對方的臉就能知道對方真正的心意。
看懂臉色就能掌握話語背後的意義。

——切斯特菲爾德（英國政治家）

▼先打開話匣子，再深入私領域

面對第一次見面的人，最適合以限定發問的方式展開對話。「何事」是對方最容易回答的問題，例如「你的興趣是什麼？」、「假日通常都做什麼？」等，先提出這類問題就能打開話匣子。值得注意的是，不要一開始就使用廣泛提問。當一方提出「你有什麼想法」、「你會怎麼做」之類的問題時，另一方會有自己的領域被侵入的感覺，會開始想要反擊。因此，**對於剛認識的人，千萬不要一開始就問很私人的問題。**

先以一般人普遍能接受的內容開始，再慢慢接觸較為私人的領域，**從限定發問開始，再運用廣泛發問的技巧，才是最理想的說話術**。遵照這個步驟就能讓對方在完全沒有壓力的狀況下回答問題，慢慢打開心房。

Action

先以「限定發問」拉近距離，再用廣泛發問深入他的心。

這樣問話，和誰都能變麻吉

巧妙運用不同的提問技巧，就能讓溝通協調更為順暢，從內容來看，提問的方式可分為下列三大類：

❶ 「與個人有關」的發問法

可以拉近你與對方的距離，負責扮演打開對方心房的重要角色。包括個性、興趣、休閒活動、故鄉或現居地、地方風俗、工作（職業）、家族成員、喜歡吃的食物及喜歡什麼類型的人等，都是很好的問題。

❷ 「現況分析」的發問法

想要了解對方的現狀，可運用法則55介紹的「4W2H」限定發問方式提問，

和人們談論他們感興趣的事，說上幾個小時他們也不會煩。
——班哲明‧迪斯雷利（Benjamin Disraeli，英國政治家）

包括「你家裡有養寵物嗎？」、「貴公司有幾名員工？」等。在工作場合上，掌握顧客現狀是最重要的致勝關鍵，只要善於使用現況分析的提問法，就能順利成交。

❸「發現問題」的發問法

在掌握對方現狀後，就要開始進入發現問題的階段。**這一類的問題可以找出對方現在的疑慮與問題點，或是了解未來的展望與需求。**因此必須具體運用「2W1H」的廣泛發問的技巧，發現問題後才能給予建議。包括「對投資型保單有什麼想法呢？」、「公司目前的員工人數足夠嗎？」等，都是適合的問題。

Action

先問「與個人有關的問題」，才能拉近彼此的距離。

法則

57

「一問一答」，快速解決問題

以下是發生在我經常往來的公司中，某位上司與下屬的對話內容：

A：「我今天要依照部長的緊急指示盤點商品。」

B：「緊急是指？」

A：「今天要盤點完畢。」

B：「不過，除了盤點之外，你還有沒處理完的事情嗎？」

A：「呃，有的。我得打電話給客戶，並撰寫明天要發行的電子報內容。」

B：「在這些事情裡，應該優先完成的事情是？」

A：「第一是打電話給客戶，再來是撰寫電子報內容，最後盤點商品。」

B：「如果是這樣，今天有可能完成盤點嗎？」

A：「很抱歉，今天完成不了……可能要延到明天晚上了……」

光是忙碌還是不夠，問題是我們究竟忙什麼？

——梭羅（Henry David Thoreau，美國作家、思想家）

在此範例中，A（下屬）正埋首於眼前的工作，B（上司）則仔細地發問。透過提問的過程，上司就能掌握下屬的現狀，幫下屬統整工作的順序。而下屬在回答問題時，也能更具體地預估接下來的工作時間。**有效的互動式發問，能幫助當事人發現並解決問題。**

Action

不要完全接受對方所說的話，互動式問答才能解決問題。

「一問一答」的四大原則

1. 針對對方話裡的抽象部分提問，讓他**說出具體內容。**
2. 確認對方所做、所說的事情**是否有矛盾之處。**
3. 詢問對方完成事情的**優先順序。**
4. 統整對方所說的內容，**確認是否可行。**

法則

58

問話用「如果」開頭，套出他的真心話

接下來要介紹略具難度的發問技巧——「假設發問法」。我以銀行業務員的推銷過程為例：

業務員：「我們有很多客戶都很喜歡這項投資信託商品，您不妨也從分散投資的觀點投資這項商品？」

顧　客：「分散投資的確很重要，但我先生一定不會同意，所以我沒辦法買。」

業務員：「您說的我也了解，如果您先生同意的話，是否可以考慮投資呢？」

在這個範例中，業務員運用了假設發問法，也就是提出「如果……的話……」的問題。通常在使用了這個方法後，顧客才會認真考慮業務員的提議。換句話說，

假設性的發問可以給對方具體的印象，讓對方認真思考。

當一個人的視野、活動範圍與人際關係越狹窄就會感到越幸福；越大則會越煩躁、越感到不安，這是因為顧慮、願望與恐懼也會隨之增加與擴張的結果。

——叔本華（Schopenhauer，德國哲學家）

丟出「假設」的問題，套出真心話

利用語言排除窒礙難行的原因，就能促使對方積極思考。**「假設發問法」可以套出對方真正的想法與本質**。平時相當關照我的一位公司社長，曾經對我說，只要跟客戶交涉時提出：

「如果您現在不方便簽約的話，什麼時候比較方便呢？」

就能問出顧客真正的疑慮與阻礙。

如果對方回答：「就算我先生同意，我也不太可能會買」，業務員就能了解之前的答案並不是真正的想法，阻礙顧客投資的原因並不是先生反對，而是另有隱情，便能成功套出對方的真心。

Action

以「如果……的話……」的方式提問，了解對方真正的想法。

法則

59

證據與數字，勝過一張嘴

當對方拒絕提案時，該怎麼辦呢？這時不妨使用「證據發問法」，**在問題中加上理由或證據，讓對方相信並同意。**由於一般人通常都會怕自己被騙，所以如果能在問題中舉出實際例子（尤其是成功的範例），就能讓對方卸下心防。

範例：

「介紹您給我認識的A先生一開始也跟您一樣，認為自己不需要這項產品。但是，當他實際試用過本公司的服務之後，他感到相當滿意。您不妨也嘗試看看？」

當你能提出正當理由時，不但比較容易取得對方的信任，也能讓他了解你是真的在為他著想，而不只是隨便說說，這麼一來，距離成功又更進一步了。

理性是羅盤，慾望是暴風雨。

——亞歷山大・波普（Alexander Pope，英國詩人）

▼理由充足，抓住對方的心

其實不只是實際範例，運用數字、從經濟面、成本面提出佐證，也是很有效的發問技巧。

範例：

「與其使用撥接上網，不如使用本公司的寬頻網路，不但費用比撥接便宜1000元，也沒有限制上網的時間。每個人都希望能降低家用的支出，您是否也想改用本公司的商品，減輕負擔呢？」

只要加上理由與證據，就能提出具有說服力的問題。**證據與數字不只是在表達主張或說服他人時很有用，在提出問題時也能發揮功效。**

Action

提問時加上理由或證據，抓住對方的心。

法則

60

「複述」對方的需求，馬上成交！

最後要介紹「反向發問法」，包含以問題回答對方的問題；或是以對方使用的「關鍵字」提出反問。先看第一種方式的具體範例：

顧客：「請問，你的店只販售高級手錶嗎？」

店員：「先生您好，請問您想買什麼樣的手錶呢？」

我父親的店經常出現這樣的對話內容，通常顧客會回答「我想買5萬日圓左右的手錶」，於是我父親就能依顧客的預算挑選適合的手錶；相反地，如果店家回答「是的，本店主要販售高級手錶」，顧客可能就會立刻走出去了。**善於溝通的業務員都是利用「反向發問法」，深入探索顧客的需求，進而解決問題。**

讓對方喜歡你的最好方法，就是如你所聽見地重複對方說過的話。

——馬克・吐溫（美國作家）

▼「關鍵字」通常就是客人的需求

第二種方式則是以對方使用的「關鍵字」提出反問的技巧，例如：

顧客：「這款手機沒有設計感，引不起我的興趣。」

店員：「如果對您來說設計是很重要的特點，我們也有其他具有設計感的機種，您是否要參考看看？」

這個提問技巧是「以子之矛，攻子之盾」。此時如果顧客回答「好啊，請讓我看看其他機種。」你就能推銷具有設計感的手機了。發揮「理解的藝術」真諦，**確實感受對方的不安與問題點，再以此重點提出反問，就能為對方解決問題。**

Action

學會抓問題的關鍵字，再以此反問對方！

法則

61

眼睛直視對方，誘導他說出真話

有些人會認為「聽別人說話就輸了」。當你面對這樣的人時，你會真正說出心裡的話嗎？聽別人說話時最重要的就是心理準備，也就是必須用心傾聽。只要巧妙運用，就能讓「傾聽」的被動姿態昇華成「理解的藝術」。

▼學會「十大傾聽技巧」，你就是最好的傾聽者

技巧1 要有包容心，設身處地為對方著想

聽別人說話時，**採取身體往前傾的姿勢，就能表達出接受對方的心情。**

技巧2 理性的傾聽，感性的回應

運用邏輯確切理解對方的話，同時體會他的情感，以他的立場思考事情。

好的回應是誘人說出真心話的引玉磚。

——吉川英治（日本小說家）

技巧 3 眼睛要直視對方

雙眼會洩漏內心的情感，**因此務必要看著對方，傳達自己「真正的態度」。**

技巧 4 點頭

最標準的點頭姿勢就是先將下巴往上抬起10度，然後再確實地往上下點。如此一來，你就能將「正在聽對方說話」的心意傳達出去。**巧妙運用「點頭」，就能讓對方按照你的節奏說話。**

技巧 5 適時回應

在話題告一段落時做出回應，不僅可以告知對方「我有在聽」，還可以鼓勵對方「繼續說下去」。此外，**對方特別強調的地方，也是做出回應的最佳時機。**回應時要注意，千萬不要千篇一律，偶爾以略帶驚訝或高昂的語調回應，就能讓對話過程更精彩。

技巧 6 隨時做筆記

不只能整理對方所說的話，還能告訴對方「我很認真在聽你說話」。

技巧7 在話題告一段落時，整合剛才的內容

這個做法不只能讓對方放心，也能避免模糊話題焦點，有助於正確理解對方的主張。

技巧8 提出問題

提出問題就能避免讓對話過程變成只有一人在說話，進而轉變為有效的溝通。

技巧9 面帶笑容，態度認真

「表情」不只能讓對方放鬆，也能讓對方感到有安全感，進而放心。

技巧10 內心真誠的聽對方說話

設身處地為對方著想，客觀地檢視自己傾聽時的反應，你就不會板著無聊表情聽對方說話了。

Action

試著在現有的傾聽方式中，再增加10種新的回應方法吧！

Chapter 6

這樣說話，人人都被你說服！

想要拉近對方與自己的距離，
更明確地將自己的意見傳達出去，就要培養說服力。

法則

62

語尾要鏗鏘有力，眼睛睜大看對方

我經常遇到「明明說話很有內容，卻總是無法打動人心」的人，這類人的共通點就是看起來很沒自信，自然就缺乏說服力。只要掌握以下三大重點，就能充滿自信的說話，無往不利。

POINT 1 語尾要鏗鏘有力

一句話說得模糊不清，會讓對方無法理解你想表達的意見。「我一定會完成這個計畫」，**句子的結尾一定要果決明確、鏗鏘有力**，如此一來，聽者就能感受到說話者的自信，進而相信對方所說的話。

POINT 2 抬起頭，眼睛看對方

低著頭的模樣看起來就很沒自信，在做結論時一定要抬起頭，與對方四目相接。即使你的臉上毫無表情，稍微抬起頭就能給人明理開朗的感覺；相反地，**如果**

人生就是行動與熱情，
生活中缺乏這兩者，就代表你的人生恐怕將毫無生氣。
——希羅多德（Herodotus，古希臘歷史學家）

你低著頭，整個人看起來就很陰鬱哀傷。

POINT 3 加上手勢

說話時沒有手勢等肢體語言，看起來就很沒自信。**當場地越大、聽者越多，說話時的手勢就應該要越誇張。**舉例來說，當你在說「接下來我要說明這3個條件」時，不妨伸出三根手指，向聽者強調自己的主張。

此外，**想要強調主張時，不妨試著從上而下揮動手臂**，不管是握拳或張開手掌都可以。這是我個人經常使用的肢體動作，可以讓我說的話充滿熱情與說服力，取得聽眾的信任。

Action

說話時要善用「眼神」與「手勢」加強個人的主張。

法則

63

常說「絕對、一定」，增加說服力

這個世界上有太多約定俗成的「刻板印象」，**想增加說服力，就要打破刻板印象。**但要如何找出刻板印象呢？你可以用下列兩種方式：

方法1 思考「是否有例外」？

以「這個商品買到等於賺到」的例子來說，一定要質疑「是否在任何狀況下買都是賺到？」，不妨思考「我知道景氣好時一定會賺，但如果景氣變差，還是有賺嗎？」、「如果競爭對手設計出更好的商品時，這個商品是否就立刻失去價值呢？」等狀況。

多思考「例外的狀況」，就能從不同觀點分析主張。

當人們持久爭論時，代表他們並不相信自己所爭論的事情。

——伏爾泰（Voltaire，法國哲學家）

方法2 檢討是否具備足夠的「說服力」？

我們常說「A型的人通常都很細心」，但一定要質疑「發言者究竟接觸並觀察過多少A型的人？」，建議以「絕對」、「幾乎」、「應該」及「可能」等不同強度的詞彙，確認說服力是否足夠。以此例子來說，就必須確認「通常」這個詞的強度究竟到什麼程度？

只用自己的經驗為判斷標準，認為大家都和自己有一樣的想法，以邏輯來分析，可能就會出現很大的落差。此時不妨提出統計數據，如政府或市調公司的調查結果，提高自我主張的說服力。**與人溝通時只要隨時注意「例外狀況」與「說服力的強度」，就能讓你擁有說服他人的說話技巧。**

Action

檢視自己是否常說「絕對」這個詞，幫助提升說服力。

法則

64

開口前先思考，避免雞同鴨講

經常有人問我：「別人常說我講的話很難懂，那我該怎麼做才能讓別人理解呢？」不管你想說的事有多棒，如果對方聽不懂就毫無意義。因此，說話必須講究技巧，只要掌握下列重點，你也能說出淺顯易懂的話。

POINT 1 說明話題內容大綱

先簡單說明話題內容，假設你正在看電視購物頻道，購物專家常會這樣說：「讓我為大家說明，為什麼你一定要購買這台數位相機。因為它是目前世界上最小的機種，而本台獨家推出限時優惠，瘋狂下殺5000元。」

開宗明義地說明內容大綱（話題走向），能讓對方做好心理準備，也比較容易接受你要說的話。這個表達技巧可以先建立起一個對話平台，幫助說話者與聽者進

歌唱不在於技巧而是靈魂，不過，想唱出靈魂則需要技巧。

——引自由三谷幸喜編劇的日本連續劇《奇蹟餐廳》

行溝通。

POINT 2 加上標題與編號

為自己的說話內容訂定一個標題，再用數字「編號」。讀者可以先從標題掌握內容，並決定要如何閱讀。**表達意見時，一定要先想好可以清楚說明內容的標題。**以剛剛的購物頻道為例，可用「利用數位相機拍下精彩瞬間，細心策畫每一個紀念日」為標題。基本上，**標題長度不要超過40個字，字數如果太多，反而會讓人摸不著頭緒。**

在下標的同時，也要搭配編號的運用技巧。例如：「第二個重點就是利用數位相機拍下精彩瞬間，細心策劃小孩的紀念日。」只要幫內容加上標題及編號，不但能歸納出重點，也不會偏離主題，更容易在聽者的腦中留下印象。

POINT 3 採用PREP法

使用PREP法讓對方了解內容架構，就容易傳達主張，運用在業務推廣上，更能創造出成功的推銷話術，如下：

Action

訓練自己在開口前就先想好話題的「整體架構」。

讓商品成功秒殺，這樣說就對了！

(Point) 明確敘述自己想要主張的「重點」

例：「我強烈建議各位會員購買S公司推出的數位相機。」

↓

(Reason) 說明「理由」

例：「因為這台相機不只可以拍照，還能高速動態錄影。」

↓

(Example) 提出「範例」

例：「而且可以錄下長達20分鐘的動態畫面，讓你不再錯過精彩瞬間。」

↓

(Point) 再次強調自己想要主張的「重點」

例：「因此，你一定要購買S公司推出的數位相機。」

法則

65

第三人的意見，更有說服力

「歡迎使用本公司產品。」

這是在一般店面經常可以聽到的推銷話術，特別是菜鳥業務員很喜歡使用這類「拜託式的推銷技巧」。

「我覺得這個產品很好用。」

這個則是啟用名人代言的廣告名句，透過第三人的保證訴求商品魅力。

一般人都喜歡自己主動購買，不喜歡被推銷的強迫感，因此一旦被推銷，通常都會先拒絕。但若是運用名人的公信力代言，透過第三人的現身說法表達廠商想說的話，就能提出柔性訴求，較容易被消費者所接受。

大部份的人還是喜歡主動購買，因此一定要使用較為溫和的銷售技巧。

老王賣瓜，「不要」自賣自誇

提出與商品有關的數據，好比「有多少消費者在使用後感覺很滿意」，以實際的數字提出佐證；或從客觀的角度訴求商品特色，像是「與其他的產品相較，我們的性能有多好」等。這個銷售技巧可以營造出「不是由廠商一味地說自己好，還有其他消費者及研究機構掛保證」的印象。

無論是在溝通協調或是想說服對方，**將自己想表達的內容轉換成第三人的親身經歷，或是實驗數據等客觀的數字，聽者就更容易接受你的主張。**如果你想要稱讚A同事的工作態度，不妨使用「我聽B同事說你工作時很細心」的說法，不只能增加主張的客觀性，A同事聽起來也會很舒服。

Action

適時運用「第三人」的體驗與真實數據，加強說服力。

你對他人的感受與想法都與你的親身經歷相同，
因此你希望別人如何認為你，你就要如何地認為別人。

——約瑟夫•墨菲（Joseph Murphy，在美國傳道的牧師）

法則

66

情緒性的字眼，幫不上任何忙

想讓溝通更順暢，完全顛覆過去經驗的祕訣，就是「表達方式」。例如：

A：「為什麼你每次都會失敗，你是笨蛋嗎？」

B：「我們一起來想想為什麼每次都是這樣的結果吧！只要找出原因，你一定就能做得更好。」

範例A與B都是針對失敗者所說的話，同樣面對失敗，**表達方式不一樣，對方的理解度也會截然不同。**其實要像範例A一樣質問對方是相當簡單的事情，你只要任由情緒宣洩，再用語言表達出來就好了。只是，被質問的一方是否能接受就不得而知了。而範例B在情感（感性）中加入邏輯（理性），因此能順利與對方溝通。

不同的表達方式，聽起來真的不一樣

另一方面，**聽者的「理解度」也是左右溝通成效的關鍵。**古希臘斯多葛學派的哲學家愛比克泰德（Epictetus）曾說：「侮辱不是別人的錯，是你的想法讓你受辱。」誠如「表達方式」對於溝通結果的影響，「理解度」也會讓你的解讀一念天堂，一念地獄。

即使是面對如範例A的發言，也不要把它想成是批評而是激勵，你就能將別人的話轉為助力，更積極地完成工作。從好的一面接受別人的話，這樣做會使你聰明五倍，這個道理一定要記住。

Action

注意你的「表達方式」，要讓聽者聽懂並理解，才能與你溝通。

法則

67

先說「你說的對」，緩和現場氣氛

人有時候會採取不合理且否定的看法或想法，在日常生活中你一定也遇過下列的情形：

店員：「這款液晶電視的售價是10萬台幣，是否符合您的需求？」

顧客：「要這麼貴啊？太貴了吧！別家店應該會更便宜。」

當遇到對方否定你的時候，千萬不要立刻回擊「你錯了」，因為人往往都是針對意見反應過度，並不會與事實對峙。就算你說的話是正確的，對方也會針對你的「表達方式」做出反應。

因此，**千萬不要用反駁的方式去回應對方**，在上述的範例中，如果店員能將心比心，回答：「您說的對」，稍微緩和一下現場氣氛，就能讓對方冷靜下來，開始針對事實進行溝通。

表達意見時，不要說「但是」、「不過」

如果你想反擊，也要先保持「包容對方意見的態度」，如此一來，你就能輕鬆掌握對方的具體想法。**在反駁對方或表達自己的意見時，不要一開口就說「但是」或「不過」等轉折語**，先確實理解對方的意見，再說出自己的意見。這個表達技巧可以給人「我並沒有忽視你的意見，而是理解你的想法後才進行溝通」的印象。

我以前也會犯同樣的錯，只要客戶一說「好貴喔」、「產品性能不是很好」，我就會立刻反擊。遺憾的是，我的做法並沒有為我帶來任何一筆交易。不過，就在我改變做法，貫徹包容對方的「理解的藝術」後，我的成交率就如火箭升天般地突飛猛進了。

Action

當對方否定你時，不妨試著以「你說的對」來回應。

當你爭論、反對，讓對方失去理智，你有時候可能會獲得勝利；但是這種勝利是空洞的，因為你再也得不到對方的好感了！

——班傑明・富蘭克林（美國政治家）

法則

68

吵架不是壞事，衝突有利於溝通

對我而言，「要生存就要反駁」，想要清楚表達自己的意見或達成目標，就無可避免要與他人發生「衝突」。可惜的是，大多數的人都是一味地避免「衝突」，深怕會破壞彼此的友誼。請注意，衝突並不一定是壞事，不妨「逆向思考」，將衝突看成好事。**就是因為有衝突，才能了解彼此的不同，**溝通的真諦就是要填補雙方的鴻溝。因此，**「衝突」才是更加穩固人際關係的關鍵。**

適當的反駁，是溝通的潤滑劑

不過，千萬不能因為覺得衝突是好事，就隨便與別人吵架。「衝突」其實是有訣竅的，只要掌握下列規則，就能隨心所欲的進行反駁。

步驟1 事先發電子郵件給對方，表達自己的意見。

這樣的做法會讓對方覺得你做事很周全，即便後來溝通時有所落差，對方也不至於當場翻臉。

步驟2 在開始溝通前，誠摯地表達「我並不是否定你」的立場。

先表達自己的立場，就能為後來可能發生的衝突打預防針。

步驟3 溝通結束後，打電話或發電子郵件給對方。

表達「剛才的對話並無惡意，希望今天的事情不會影響我們的友誼，還請你多多關照」之意。

遵守上述規則就不怕產生衝突，也能真誠地交換彼此意見。透過這樣的溝通過程，也能避免對方討厭自己。**從禮開始、以禮結束，就能讓溝通協調更為順利。**

Action

在奮力反駁前要誠摯地打預防針（如步驟1及2）；在激烈反駁後要真心地修補關係（如步驟3）。

批評是好事，
經過嚴厲批評後的激勵語言，就像是雨後的太陽般溫暖人心。
——歌德（德國詩人）

法則

69

有時候，就是要鼓起勇氣說「不」

常常有人問我：「該如何跟強勢的人相處呢？如果只是附和他，我就完全沒有說話的份了……」在這個時候我會給他兩個建議，幫助他鼓起勇氣表達意見，第一就是**「不要在心裡有不想跟對方相處的念頭，因為這樣的想法一定會讓自己困在圍牆中」**。

我每次跟不擅長相處的人見面，都會想像「對方只要跟家人在一起就會開心地笑，看到悲傷的電影也會跟著落淚」，在腦中深植「他（她）也是個平凡人」的想法。如此一來，在面對不擅長相處的人時，就能先拆除自己心中的圍牆，一視同仁地來往。

不懂得拒絕，就只能全部接受

第二則是要**「徹底了解批評的內容、時機與說話者等三大條件後，再開始爭論！」**我剛出社會時曾經被大我15歲的前輩強迫推銷，要我購買他公司的產品，對方甚至還說：「不買這項產品的人是笨蛋！」其實他推銷的產品對我而言根本一點用處也沒有，但他的態度讓我感到害怕，不敢反駁他。

如果在這個時候我沒有向對方表達自己的意見，就會真的被強迫購買了。但我直覺認為這是「表達意見的好時機」，所以明確地拒絕了對方。**該說話的時候就要勇敢表達意見，想要鼓起勇氣，就要先訓練膽量，培養不害怕、不動搖的意志，**堅定的保有自己的想法。

Action

面對不擅長相處的人，盡量想對方也有好的一面。

我發現說話沒有說服力的人，通常都是內在的精神層面出了問題。也就是說，唯有克服每個人都有的自卑、恐懼與強迫觀念，才能真正感動與說服對方。

——戴爾・卡內基（美國企業家）

法則

70

吸入一大口氣，說話就不會緊張

「請傳授我們在眾人面前說話時不怯場的祕訣。」每次結束演講或上完課時，很多社會人士與學生都會問我這個問題，**消除緊張最快的方法就是將「淺呼吸」改成「深呼吸」**。

很多人在做深呼吸時都是先吸氣再吐氣，但日本醫師石原結實在其著作《任性式健康法：身體想吃的最健康》中做了這樣的說明：「宇宙的原則，就是在人體這個小宇宙裡，不論萬事萬物都應以『出』為優先，才有辦法順暢運行。」

以我個人的親身經驗，我發現先將氣息全部呼出，自然就能吸入一大口的空氣。利用這個方法深呼吸可以放鬆身心，舒緩緊張，也能讓人不再怯場。

利用「腹式呼吸」消除緊張感

有一次我看到媒體採訪文樂（日本傳統民間藝術的代稱）的太夫（負責旁白說唱的人），同時也是人間國寶的竹本住太夫，在他的專訪中我發現到一件事。在文樂中，太夫必須負責描述故事背景以及登場人物，因此他的發音是最重要的吃飯工具。發聲時基本上要將注意力放在腹部，從位於肚臍下方的丹田發出聲音。

俗話說**「施力於丹田可以獲得健康與勇氣」**，將注意力放在丹田上就能穩定下半身，讓雙腳確實站在地面上。**不妨將注意力放在丹田上並做腹部呼吸，就能降低在人前怯場的窘境。**

Action

平時就要常練習深呼吸，消除緊張。

法則

71 進行談判、簡報前，最少練習10次

進行商業交涉或在客戶面前做產品簡報時，常常會遇到因為緊張而失敗的情形。究竟應該怎麼做才能真正放鬆，又能展現出120％的完美演出呢？關鍵就在於下列三個因應對策：

對策1 勤於「自我演練」

日本最具代表性的大牌女演員杉村春子小姐曾經說過：「沒有說不好的台詞，只要排練1000次自然就能說得流利。」

「自我演練」是指一個人在事前排練，如同杉村小姐所說，這是個注重「量」（時間、次數）的訓練方法。無論是參加辯論比賽、主持研討會或是演講，**在事前我一定會不斷練習，直到我可以對著天空說完所有的話為止。**一開始就要練習1000次

的確很困難，但在正式上場前，不妨先排練10次吧！

對策 2 做好「自我建設」

「自我建設」是指在心裡說一段真正想說給自己聽的話。**每當我在「自我建設」時，我都會故意想像失敗的情形**，告訴自己「我準備得如此充分，要是失敗了也能增加自己的經驗」、「就算失敗了也沒人會宰了我，放手去做吧」。在潛意識裡暗示自己「失敗也無所謂了」。

對策 3 「自我檢視」並複習說話術的技巧

錄下自己說話的姿勢與聲音後，一邊觀賞自己的影像，並在筆記本中記下成功與失敗之處，就能不斷複習。

只要事前充分準備，就不用擔心失敗，因為，你可是有備而來的呢！

在正式上場前，至少先排練10次吧！

人生就像是在觀眾面前表演小提琴，慢慢你就會學會彈奏了。

——巴特勒（Samuel Butler，十九世紀英國小說家）

法則 72

該笑時就笑，該生氣時就生氣

該笑就笑、該生氣就生氣，**依照不同場合表達情感才能讓精神狀態保持平衡。**

「喜怒過度形於色」就代表你是一個無法自我控制的人，不過，也不能完全不展露出情緒。如果旁人完全看不出你的喜怒哀樂，就會摸不透你的想法，反而容易讓人感到不舒服。因此，表達憤怒必須採取適當的方法。

有些人會用不理人的態度來表達憤怒，但是這樣的做法反而會讓人無從得知你為什麼憤怒，有種如坐針氈的感覺。

▼依不同場合表現「喜、怒、哀、樂」

你也試著以言語表達自己的憤怒吧！我的「人生導師」曾告訴我一段話：「試

著用言語表達情緒，生氣的時候就說出來，確切說出你的感受。」他每次生我的氣時，一定都會明確地告訴我。其實只要說清楚生氣的理由，對方就能改掉錯誤或是誠心道歉。

奇妙的是，人們通常不會對無關的人生氣，因為生氣是需要耗費力氣的，所以憤怒其實蘊含著對一個人的愛。從這一點來看，受怒的一方反而應該要將對方的怒氣視為一種榮幸。另一方面，**笑容也是很重要的情緒表現**。日本住友金屬礦山的前任社長藤森正路先生曾經說過：「越是痛苦越是要笑，如果你連笑的力氣都沒有，就很容易做出錯誤的判斷。」

痛苦時感到悲傷是人之常情，他卻教我逆向思考的道理，告訴我**「因為我還笑得出來，所以我並沒有被逼到絕路」**。

Action

生氣時，一定要清楚表達「憤怒的理由」。

如果你常常笑，你就是幸福的；如果你常常哭，你就是不幸福的。

——叔本華（德國哲學家）

法則

73

不要一直說「我」，要常講「你」

與他人對話時，**如果能將焦點放在對方身上，就能瞬間提升你的溝通能力。**這個說話技巧的重點就是「以對方為尊」。說話時不要一直說「我個人、我自己」，在與他人交談時不妨多說「你」，或是稱呼對方的名字，如此一來，對方一定會覺得很愉快。例如將「就是因為有我，事情才會這麼順利」的說法，改成「多虧這次有你的幫忙，事情才會這麼順利」。當你將焦點放在對方身上時，對方反而會問你：「你有什麼想法？」而對你感興趣，「做好萬全準備」的態度也能感染對方。

3步驟讓人對你印象深刻

工作時如果想要讓第一次見面的人對自己（或自己的公司）留下深刻印象，只要實踐下列三大步驟，就能擁有良好的溝通效果。

STEP 1 禮貌表達感謝與興趣，取悅對方，讓他更容易接受你的主張。

「感謝您在百忙之中抽空見我，真的非常感謝您。在目前經濟不景氣的現況中，貴公司提出擴展店面數量的經營戰略，真是令我感到佩服。」

STEP 2 站在對方的立場，像報紙標題般清楚表達你想說的話。

「我今天想就『什麼樣的公司才能讓員工安心工作』的主題與您溝通，只要給我5分鐘就可以了。」

STEP 3 向對方強調你有執行的資格，突顯個人特色與實績。

「接受我提案的50家公司，員工的流動率平均降低了20%。」

Action

不要一直把「我」掛嘴上，要常說「你」。

Chapter 7

搞定「現場氣氛」說什麼都OK！

良好的人際關係是創造愉快對話的基礎，
與人交談時，必須感受他的心情，
站在對方的立場發言，讓溝通協調更順利。

法則

74

別被對方的「壞心情」牽著鼻子走

我想每個人應該都有類似的經驗吧？當身體狀況不佳，帶著憂鬱的心情工作或與人溝通時，說話就會荒腔走板，事情也就無法如願發展。如果無法掌握情感變化與情緒起伏，不管學了多少說服與交涉技巧，都無法發揮到極致。

有鑑於此，無論自己的身體有多健康，只要對方身體不舒服，情緒也不穩定，溝通一定不順暢。**你無法控制對方的身體狀況與情感變化**，了解這一點，就算無法順利溝通，心情也會輕鬆許多。

▼包容別人的情緒，建立下次談話的良好關係

還記得我跟某位客戶第一次見面時，發生了一個小狀況。我本來想以合宜的態

情感是深沉的，表面的語言只是顯示怒氣藏身處的浮標罷了。

——朗費羅（Henry Wadsworth Longfellow，十九世紀美國詩人）

度對待他，沒想到那位客戶從頭到尾用字遣詞都很不客氣，態度也很粗魯，再怎麼說我也是個平凡人，於是開始討厭對方，覺得他是一位奧客。

後來我突然轉念一想，人的情緒隨時都在改變，心情瞬間就釋懷了。無論對方是因為什麼原因心情不好，都與我無關，**沒有必要被對方的壞情緒牽著走，連自己的心情也變差了。**尤其是遇到沒禮貌的人，更要維持平和的心情以禮相待。當你這麼做的時候，良好的態度就會感染對方，對方看你親切有禮，自然就會立刻恢復應有的禮儀。

要是對方當天並沒有改善，也不用感到失望，或許改天再見面時，他的心情已經好很多了，就能獲得不同的結果。

Action

了解「人的情緒時時刻刻都在改變」的道理，寬厚地包容對方。

法則

75

增加「見面」機會，有話好商量

2008年12月3日，美國的心理學家羅伯特·翟安博士與世長辭。他長年在美國密西根及史丹佛大學進行研究，對於心理學的發展貢獻良多。

翟安博士40年前發表的研究結果中，有一個相當重要的定律稱為「曝光效應」，俗稱「熟悉定律」，包含以下三大內容，可見下列表格，非常適合運用在見面溝通上。

「熟悉定律」的3大重點

第一定律	人類在面對陌生人時會採取攻擊、批判與冷漠的態度。
第二定律	人類對於接觸越多次的人越有好感。
第三定律	人類在知道對方真實（人性）面時會產生好感。

紳士之間以禮儀、平等與殷勤相待；
品格不及紳士的人，則以侮辱、輕蔑、冷淡及漠不關心待人。
——艾米爾（Henri Frederic Amiel，十八世紀瑞士哲學家）

越常見面，溝通越順暢

我曾經做過陌生拜訪，這是一種推銷方法，是指挨家挨戶拜訪從來沒接觸過的顧客，或是打電話推銷商品。這真的是很痛苦的經驗，在100件的陌生拜訪中，只要有5件有善意的回應就很好了。

其實站在顧客的角度來想，家裡忽然間有陌生人來拜訪，或是打電話過來，當然會以冷漠的態度來面對，這是很自然的心理反應。不只是在工作場合，即使是隔壁鄰居，只要從來沒有接觸過，一般人都會產生戒心。總而言之，**「增加見面機會」是有效溝通最重要的法則**，先從簡單的打招呼開始，增加與對方接觸的機會，等到慢慢熟悉後，就能真正地進行溝通。

Action

增加曝光率，讓對方熟悉你，一切都好說。

法則

75 見面次數越多，對方越喜歡你

身為業務員，接觸顧客越多次（曝光），越容易賣出商品。不過，如果對方沒有回應，就不可能一直曝光，重點就是，你必須為下一次見面留下伏筆。例如，**不要一次就將所有好處說完，故意分好幾次拜訪顧客。**可能你會覺得這麼做很麻煩，但與對方多見面幾次，就容易讓他更喜歡你，結果自然能反映在銷售成績上。

▼有誤會，一定要當面說清楚

以前我曾經遇過其他城市的客戶，怒氣沖沖地打電話跟我說：「我根本沒有簽過這個合約，你一定要把話說清楚，這件事很嚴重啊！」面對客戶的怒氣，我冷靜地回應：「我明天就去府上拜訪，詳細的內容請讓我當面向您說明。」

「我的十位好友中有九人，在成為朋友後，我比以前更喜歡對方。」
——這是我認識最有智慧的男人所說的話。
——斯溫奈頓（Frank Swinnerton，英國小說家）

隔天我立刻坐飛機前往客戶家拜訪，說明了10分鐘後，所有的誤會都解開了。後來又花了1個小時閒聊，之後才坐飛機回到東京。現在想想，當我抵達客戶家時，其實他早就已經不生氣了。

我一直都是透過電話與電子郵件，為這位客戶進行售後服務，沒想到這次會發生問題。其實我們做業務的，常常都是利用電子郵件或電話與客戶接觸，實際見面的機會反而很少，就是因為這樣，溝通時很容易產生嚴重的誤解。

不常與人見面接觸，對方也很難真心喜歡你，利用見面的機會，拉近彼此間的距離，就能無往不利。

Action

發電子郵件不如打電話，若能見面更好，一定要記住！

法則

77

優點「不必多說」，缺點「不能少講」

一般人在面對與自己有相同經驗或是價值觀的人時，會覺得很安心，並且會更想與對方相處。因此，你一定要自我展現，說明自己是一個什麼樣的人？如果不踏出這一步，就永遠都無法縮短彼此的距離。**「人類在知道對方的真實面時，會產生好感」**，正因如此，與人來往時，向別人介紹自己是很重要的步驟。

心理學將自我展現分成兩個重點，第一是強調自己優點的「誇耀自己」；另一個則是突顯自己缺點的「貶低自己」。究竟哪一個才能讓別人產生好感呢？

事實上，一般人都不喜歡別人過於極端的表現，但自己卻會不知不覺地重複同一種行為。研究結果發現，不管是只強調優點或突顯缺點的人，都會降低別人對他的好感。**當炫耀與貶低間的比例為6：4時，最能給人良好的印象。適度表現自我很重要，但「低調地展現自己的優點」，才是讓別人喜歡你的祕訣。**

表明心跡與皇冠和主權同樣重要，唯有地位最高者才能擁有，
無關討好或迎合對方，純粹說出事實。

——愛默生（十九世紀美國思想家）

偶爾展現弱點，突破對方的心房

平時感覺充滿自信，偶爾展現出脆弱的一面，這樣的你會讓旁人認為「充滿人性、有血有淚」，而且還會比過去更喜歡你。話說回來，**示弱的比例一定要比展現自我優點還要少**，如果整天開口閉口就是牢騷抱怨，會讓人覺得你沒有自信，也不敢信任你，要特別注意。

與他人分享自我感受後，不妨運用法則56中所介紹的技巧，一步步了解對方是個什麼樣的人。**先自我展現可以贏得對方的好感，當別人對你放下心防後，詢問一些較為私人的問題時，就能得到對方的回應。**經過不斷分享個人心情的過程，就能慢慢增加彼此的好感度。

Action

不要一直強調自己的優點，適度表現出弱點也很重要，信賴感自然提升。

贏得好感的最佳說話方式

誇耀自己 （強調自己的優點）	貶低自己 （突顯自己的缺點）

無論偏向哪一邊，都無法獲得別人的好感

最能贏得好感度的比例是…

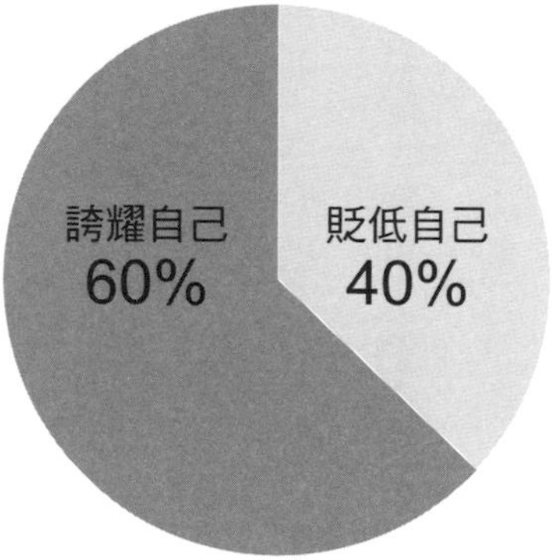

在強調自己優點的同時，偶爾也要「示弱」，這樣的感覺效果最好！但不需過度示弱，這樣反而會讓人無法信任你，要特別注意！

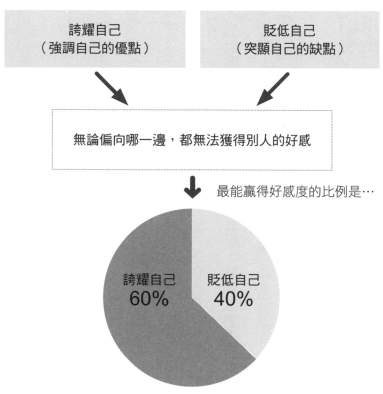

法則 78

「講電話」比網路更能拉近距離

「我該怎麼做才能受人歡迎？」

「我該怎麼做才能讓別人認同我的存在？」

我想這個世界上沒有人想要被討厭，人人都希望自己受歡迎、被他人認可。也因為這樣，許多人都有人際關係或溝通協調的煩惱。我誠心建議各位，**想要建立良好的人際關係，一定要成為愛打電話的人。**

由於e-mail相當普遍又方便，很多人幾乎都用e-mail與外界聯絡。一來不會受到對方狀態的影響，又可以輕鬆傳達自己想要說的話，有時候，這可說是最好的溝通方式。但是，千萬別因為這樣就輕忽打電話的好處，甚至是過度在意對方的想法。

常打電話能更了解對方

有時候自己接到預期外的電話時，難免會覺得很煩，所以我們在打電話時總是會再三考慮。其實，對方不一定會覺得我們打電話過去是一種干擾，而且有些事情打電話比較容易說清楚。

電話的好處是可以直接表達自己的想法或心情，反過來說，直接對話也能幫助我們了解對方。不要太依賴e-mail，只要有機會，不妨主動打電話吧！可以從對方的呼吸聲與音調中得知「對方現在在想什麼？」，之後見面時，就能更了解對方。

此外，**勤於打電話，不僅可以讓彼此關係更密切，還能獲得珍貴的友誼。**

Action

偶爾打個電話給過去只靠e-mail聯絡的朋友吧！

朋友是第二個自己。

——亞里斯多德（古希臘哲學家）

法則

79

善用e-mail，讓你溝通無往不利

如果要為所有的溝通方式排名，**我認為最重要的溝通方式是直接見面談，再來是打電話，最後才是發e-mail**。後者的缺點是不容易將自己的情感傳達給對方，而且對方也不一定會看到信。我認為，**e-mail經常是自己一廂情願的溝通方式**。因此，絕對不要逃避直接見面或是打電話溝通的機會。

利用e-mail，緊緊抓住對方的心

假設現在要跟客戶約時間見面，只要透過下列步驟即可：

STEP 1 **先寫一封e-mail，表達希望能與對方見面之意，並在信中註明「我將於30分～1小時後，再打電話給您」。**

將e-mail寄出後，再依約定時間打電話過去。這個方法可以讓對方先做好心理準備，接聽電話時就不會感到壓力。

STEP 2 通完電話後，我一定會再寫一封e-mail。

除了感謝對方接我的電話之外，也會在信中確認剛剛的電話內容，避免溝通上出現差錯。

我認為結合電話與e-mail的溝通方式，可以產生與見面溝通相同的效果。除此之外，對方也會認為你是一個一絲不苟、做事認真的人，進而對你產生好感。

Action

在「打電話的前後」都要寄一封電子郵件，讓溝通更加順利。

與對方交談卻感受不到理性，也無法喜歡對方，
這樣的人通常都是因為腦袋裡只有他自己想說的話，
根本聽不進去別人的話。

——拉羅什富科（十七世紀法國文學家）

法則

80

跟「討厭的人」說話，讓自己成長

「究竟該怎麼做，才能與難相處的人交往？我根本就不想跟討厭的人說話，我該怎麼與對方相處？」

我在演講時常常會有觀眾問我這個問題。老實說，我自己以前也絕對不跟自己不喜歡的人來往。後來有一次我參加辯論比賽，當時的辯論主題是「裁判制度理應廢除，而非應該廢除？」

「理應」是指「按照超越個人主觀的道理所做之判斷」。人往往會以自己為基準，創造出一套「人就應該要○○」的「應該理論」。不過，如果對照「理應」的意思，就不難發現「應該理論」只不過是個人的主觀，自以為是的「理應」罷了。

接受對方與自己的不同

以前出口汪老師（參考法則33）就曾經說過：**「如果只跟自己喜歡的人來往，只會讓自己的世界越來越小，也限制了自己的成長與氣度。」**不要因為別人與自己不一樣就吹毛求疵，接受「對方就是那個樣子」是很重要的事情。接著再運用「自我建設」的技巧，告訴自己「對方與自己不同，是個很有趣的人」。

「物以類聚只會讓生活變無趣，不妨享受自己與對方的差異，好好相處吧！」這樣的方式可以抒解與不擅長的人相處時的負面情緒，這是我從辯論比賽裡學到的相處之道。

Action

面對難相處的人，要接受並享受對方與自己的不同。

與別人相處時千萬不能忘記，對方也有自己的生存之道，不要任意干預，避免搗亂別人的人生。

——亨利・詹姆斯（Henry James，活躍於英國的知名作家）

法則

81

摸清真性情，有助溝通

我自己深深覺得「酒」是促進溝通的重要夥伴。與朋友一邊喝酒、聊天，還能加深彼此的關係，我自己就常常在聚會上認識很多好朋友。《三國志》裡最有名的諸葛孔明，擁有一套自己的識人標準。他曾經說過：「讓對方喝酒，把他灌個酩酊大醉，使他將真性情暴露出來。」

他的話讓我學到「酒＝自己的本性」的道理，因此一定要控制酒量，這一點十分重要。**飲酒過量，百害而無一利，請務必謹記「酒就是個人氣度的表現」**。

最後，為各位介紹孔明的七大識人標準，當你在觀察別人時不妨做個參考。

Action

在聚會場合千萬不要因為飲酒而失去分寸，也要記得觀察別人的「真性情」。

學習孔明的七大識人法

1. 用是非去試探對方
   ➜ 了解對方的立場
2. 用詭辯來為難對方，觀察他態度的變化
   ➜ 掌握對方的個性
3. 詢問對方的意見
   ➜ 看出對方的涵養
4. 把某個困難推到對方面前
   ➜ 確認對方是否有迎難而上的勇氣
5. 將對方灌醉
   ➜ 暴露對方的真性情
6. 讓對方處理財務
   ➜ 檢視對方是否見利忘義
7. 跟對方約定做某件事
   ➜ 測試對方是否守信用

法則

82

見人說人話，見鬼說鬼話

白天我在壽險公司從事顧問的工作，在工作過程中，我深切感受到「一樣米養百樣人」的道理。老實說，當我還是社會新鮮人的時候，我十分不能適應每個人不同的個性，再加上我不善於與自己個性不同的人相處，所以有一段期間我過得相當焦躁不安。當時的我，真的是一個肚量很小的人。

如今，我從事目前的工作已經超過10年，可以跟任何人輕鬆交談、溝通協調。我在工作的時候，會從下列三個方向判斷對方的個性：

❶有所堅持的「細膩型」，或凡事無所謂的「粗獷型」？

換句話說，對方是深思熟慮還是憑直覺在做事？**假設你遇到一個很在意價格的顧客，就要從價格開始切入。**

❷

「重視過程型」或「重視結果型」？

如果對重視結果的人不斷解說步驟過程，最後對方可能會跟你說：「這樣做能得到什麼結果？如果看不見成效，就沒有任何意義了。」

❸

「重視人際關係型」或「重視數字型」？

如果對方重視的是人與人之間的聯繫，你提出再多客觀數字也無法說服對方。

除此之外，不妨先了解自己是什麼樣的人！了解自己之後，在面對與自己截然不同的人時，就要告訴自己「他是一個與我完全不同的人，個性就是如此」。如此一來，自然就能減少人際關係的困擾。

先了解自己是什麼樣的人，就能知道該如何與人交談。

了解一個人需要努力，聰明的人會努力了解別人。

——戴爾・卡內基（美國企業家）

法則

83

先有「好心情」，才有好聽話

日本明治時期的代表落語家三遊亭圓朝，是一位留下無數精彩作品的說書人。其中不乏《真景累之淵》、《怪談牡丹燈籠》等怪談故事，不只是落語，還有許多直到今日也還在演出的怪談故事。

這些故事的內容只能以「恐怖」來形容。劇情敘述因為「父母殺人或騙人」，導致小孩遭遇到不幸的結果，真實描寫「做壞事就會遭報應」的道理，驚悚的程度令人不寒而慄。

▼以對方的想法為優先

其實以前的怪談故事，都會教導我們人際關係的道理與原則。**當你為了自己的利益去打倒對手、欺負他人或是說別人壞話時，你就已經打開了別人內心裡負面情**

緒的開關。久而久之對方就會產生怨恨與不滿，並對你產生報復或復仇的情緒，根本不想和你相處。

與別人溝通時一定要借力使力。舉例來說，當你尊重、稱讚對方時，他一定會覺得很開心；相對地，對方也會尊重你、稱讚你。不要以自己的利益為優先，先重視對方的利益，對方就會以同樣的方式對待你。

說好聽話、做好行為，就能打開正面情緒的開關。久而久之你身邊的人就會充滿好心情，也會以禮相待。記住，**所有的後果都是你造成的**。

Action

先做對另一方有利的事，他就會喜歡與你相處。

法則

84

先「打招呼」，容易拿到說話主導權

你是一個經常打招呼的人嗎？當我在判斷某人是一個什麼樣的人時，我都會以「打招呼」作為判斷標準。因為我認為會「打招呼」的人，通常都是值得信賴的人。在辯論比賽中，都是由正方開始「立論」，這階段稱為「陳述要旨」，能第一個表達意見就能搶到好兆頭。因為「第一個」最能在觀眾心中留下深刻印象，在之後的比賽過程中，也較容易讓觀眾產生好感，這就是「先發制人」的重要性。

我每次一定會在對方開口前，先向對方打招呼。就算是自己常去的理髮廳，我也會在老闆說出「歡迎光臨」前，大聲地向老闆問好。大聲問好能讓人留下好印象，也較容易展開對話，還能讓整個溝通過程完全掌控在自己的手中。如果想讓溝通的節奏按照自己的希望走，先打招呼也是一個相當重要的祕訣。我身邊每一位優秀的業務員，全都是「打招呼高手」。

利用「點頭」讓好感度提升

打招呼的重點就是要面帶笑容，雙眼直視對方，並且大聲問好。此外，千萬不能忘了「點頭」，**越是會溝通的人，越不能忽略「點頭」的禮儀。**

很多人都會因為「不好意思」或「害羞」而不敢向別人打招呼，如果你也是這樣的人，我建議可以從點頭開始，再一步步養成打招呼的習慣。由於點頭也是打招呼的一種，因此也具有「先發制人」的效果，如果你點頭時還面帶笑容，就會讓別人覺得你很關心他。**勤於向他人打招呼，就能建立起良好的人際關係。**不會打招呼的人，到頭來就會讓身邊的人遠離你。

Action

在別人開口前，先主動打招呼，取得主導權。

沒有比笑容更好的攻擊。

——馬克・吐溫（美國作家）

Chapter 8

有魅力，就會讓人很想跟你說話！

「說話者的特質」比話題內容更重要，
先磨練自己的「品格」，才能創造優質的對話效果。

法則

85

表現「個人魅力」，人人都愛你

「我覺得他說的話值得信任。」、「他說的話總給人不太可信的感覺。」即使無法用言語充分表達，有時候個人特質還是會給人一種特別的印象。**溝通時最重要的因素就是「個人特質」**，也就是「一個人長期表現在外的特殊行為或方式」，換句話說，就是「個人魅力」。

具備7種魅力，誰都會想跟你說話

由於個人魅力可以直接讓對方感受到信賴與安心，因此個人特質在溝通協調時扮演著比語言還要重要的角色。而且我也一直堅信個人魅力會讓對方感受到一種特殊的氛圍。

信任是經年累月在心中細心呵護栽種的植物。

——威廉•彼特（William Pitt，英國政治家、前首相）

但是，什麼樣的個人特質會讓人感到信賴與安心呢？善於溝通的人通常具備七大特質，散發耀眼光采。

自從我踏入社會之後，對於❶～❸的重要性有很切身的感受。我之所以會這麼說，是因為我的客戶及公司前輩在了解我這個人之後，都會稱讚我「太田，你是個充滿活力的人」，也就是說在這七大魅力之中，❶～❸是最容易讓人感受到的特質，不妨就從這三點開始著手吧！

充滿魅力的七大特質

❶ 開朗的個性
❷ 充滿自信
❸ 善於與人交往
❹ 為他人著想
❺ 率直
❻ 誠實
❼ 聰明

Action

就從開朗積極的行為表現做起，展現魅力吧！

法則

86

魅力獨特的人，讓人印象深刻

或許，我們不可能馬上擁有「七大特質」，但可以從最容易讓人感受到的部份做起，不妨試試下列訓練方法，能幫助你更快的展現獨特魅力，擁有好人緣。

快速增加「個人特色」的方法

方法1 創性開朗的個性

隨時保持笑容、大聲說話，就能讓別人想要親近你。

方法2 培養自信感

人通常都會覺得「堅定就是自信的表現」，所以我說話時總是鏗鏘有力，也會

每個人都是為了克服不安和恐懼以求心安理得地活下去！

——引自荒木飛呂彥《JOJO的奇妙冒險》

善用肢體語言表達意見。最重要的就是眼神，我會用眼神傳達熱情，讓自己充滿說服力。

方法3 增強與人交往的能力

相較於不好親近的人，和善有禮的人自然比較容易讓人感到安心。因此，與人交談時一定要注視對方的眼睛，而且也要主動創造話題

方法4 變得更聰明

從各種觀點看待事物，統整並傳達個人意見，就是一個聰明的人。可以透過辯論比賽訓練這些能力

Action

善用眼睛、臉部、聲音與表情等肢體語言，增加自己的個人特質。

法則

87

不管多有道理，還是有不同意見

《找到這一生的關鍵動詞》的作者出口光先生曾經跟我說：「龍樹啊，這世上有很多贊成你的論點的人。這些人都是打從心底喜愛你的書，並且推薦給周遭的人，這些人我稱之為愛者；相反地，也有完全不贊同你寫的書，一味批評你的人。他們當然不會將你的書介紹給親朋好友，而我則將這些人稱為智者。」

接著，他就問了我這個問題：「那麼，當你在寫下一本書時，你認為哪一邊的意見比較重要？」我相信每個人都會遇到這樣的情形，這世上一定會有支持你的人，也會有批評你的人。**「反映智者的意見，能讓你的書更受歡迎」**，也就是說，他在寫書的時候大多會尋求智者的意見，說起來雖然很簡單，卻不容易實踐。

愛者與智者代表著兩個極端，但這個世界也因為有這兩個極端才得以形成。雖然「愛」與「智」看起來相互矛盾、彼此對立，但只要不去否定任何一方，並進行統合，就能邁入更高境界、提升自己成為一個「散發個人魅力的人」。

包容不同的意見，才是真的會說話

邏輯（理論）、情感（熱情）與個人特質（個人魅力）是有效溝通的三大要素。每個人都擁有理性與熱情的矛盾觀點，當你過度用理性表達意見，對方可能會回嗆「太愛說教了吧」；但如果完全展開熱情攻勢，又會被說「這樣的理由無法說服我」，只專注於某一面的溝通常會產生「失控」的結果。

不過，也不需要氣餒，只要慢慢累積各種溝通協調的經驗，就能擁有七大特質，成為一位充滿個人魅力的說話高手！

Action

說話時要注意自己心中理論與熱情的平衡。

法則
88
學會溝通，才能搏出好感情

日本前首相田中角榮曾經說過：「人數就是力量」。這句話如實傳達出民主政治以多數決定的運作原則。其實這個觀點也能運用在現實生活中，反過來說，一群烏合之眾就無法成就大事。

我相信，**團隊真正的力量並不是取決於人數多寡，而是團隊中每一位成員的能力與人格。**

▼團隊的力量，決定於溝通能力

辯論會中有一位名為奧山的男性成員，他的個性相當樂觀開朗，曾經率領著人數少到根本無法與敵對陣營相比的團隊，前往手機普及率不高的巴西，克服重重困

唯有為他人努力奮鬥的生命值得冠以生命之名。
——愛因斯坦（Albert Einstein，物理學家）

難，最後成功地幫自家公司在當地擴展手機事業。

他成功的關鍵就是與當地民眾溝通。他原本一句英語也不會說，到了巴西才開始學英語，後來甚至還學會葡萄牙語，慢慢地與居民建立起感情。其真誠與努力不懈的態度，讓小組織變身成最強的團隊。

想要提升團隊力，就必須讓每個成員都成為一流的精英。堅持發揮自己最大的可能性，努力完成夢想，當這樣的人聚集在一起時，攜手往前邁進就能有所成就，才能感動別人。

Action

在成為團隊的一分子前，先成為腳踏實地、認真誠懇的人。

提升團隊魅力的3大祕訣

❶ 不要在意周遭的事情，先**專注在團隊的立足點。**

❷ 將團隊的想法**傳達出去。**

❸ 將個人魅力提升到極致，轉化成整個**團隊的魅力。**

法則

89

依賴網路溝通，不算真的了解

在比賽會場可以感受到獨特的震撼性與人們之間的互動，**絕對不能只依賴平面或網路等媒體資訊，就完全不看現實狀況而妄下判斷。**

你必須時時刻刻磨練自己審視萬物的眼光，才能將無形的重點轉化為有形的基石。透過這種方法培養發掘本質的能力，自然就能養成個人的品格。**沒有深入情報核心便無法掌握事物的本質**，一定要記住這個世界上沒有不勞而獲的事情。

遇到自己沒看過或不清楚的事情時，我都會告誡自己千萬不要草率批評，或是擅自表達意見。「放下書本，上街去吧！」這句經典名言，值得我們再三品味。

Action

對於感興趣的事物，請務必親眼鑑賞、親自體會。

行動不一定能得到幸福，然而，不去行動絕對不可能獲得幸福。

——班哲明・迪斯雷利（十九世紀英國政治家）

法則

90

被罵、說錯話的經驗，就忘了吧！

才華洋溢的寺山修司大師（日本知名的文學家）曾經說過：「不要回頭、不要向後看，夢想不在後方。」

每個人都會有被別人傷害、困在過去走不出來的經驗，就連我自己也有許多一想到就心痛不已的慘痛回憶。我曾經因為沒有正確傳達意思，而被客戶斥責：「這個商品只對你公司及你自己有利吧！」那時我真的對自己貧乏的說服力感到失望，從此之後，我就很害怕面對客戶。

此外，我也曾經因為跟朋友說了很不禮貌的話，導致對方不願意再與我來往，讓我有一段時間很害怕面對人群。就在我想要振作，擺脫過去的阻礙與創傷時，我逆向思考了這句名言：「往前進、向前走，夢想就在前方（未來）。」

▼遺忘失敗，讓時間解決一切

每個人的心中都要有過去、現在與未來的時間概念，而且要站在「未來」的時間軸上，客觀地檢視自己的過去與失敗。**誠實地面對過去的失敗，反省錯誤才能掌握未來，揮別過去。**

我的奶奶是一位「福岡的超級阿嬤」，年輕時四處賣魚維生、一輩子勞碌奔波，她曾經對我說過：「不要淨想煩人的話，讓自己愁眉不展，不要做會讓自己悲傷的事情。忘掉這些煩惱，好好睡一覺吧，時間會解決一切。」其實，有時候，**遺忘是一種福氣。**

Action

失敗時就盡全力改變未來吧！不要停留在原地。

背著過去邁向未來就像是拖著上了鎖的鐵球往前走一樣。

——亨利・米勒（Henry Miller，美國小說家）

法則

91

感受生命活力，說話才會有熱情

你都用刷子還是抹布洗馬桶呢？

過去30年來，我都是用刷子洗馬桶，但現在我改用手拿著抹布洗馬桶。

之所以會有這樣的改變，是因為我發現用手拿著抹布洗，可以洗到每一個角落，而且不使用清潔劑也能將馬桶洗得乾乾淨淨。

說得直接一點，我現在已經不像以前那樣，認為自己的排泄物是髒東西。因為它是我們吃進肚子裡的食物，在身體中消化後所生成的物質，這是自然的道理。

由於這場「廁所清潔革命」，我對打掃這件事也有了不一樣的看法。我認為，人只要還活著，房間自然就會變髒。也就是說，**房間變髒正是我們還活著的證明。**

放任環境變髒，就像死了一樣

不過，如果放任房間髒亂不管，結果又會如何？或許我的比喻有點偏激，但我認為這就代表「活著跟死了是一樣的」。

尤其在看過吉田太一所寫的《遺物整理商看見了》這本書後，更讓我心有戚戚焉。這本書以前所未有的觀點，闡述「遺物整理專家」在整理因孤獨死、自殺、被殺等原因而失去主人的房間時，所親身體驗到的生與死。我因此學到「只有亡者無法整理房間」的真理。

打掃環境、維持整潔，才是讓我們感受到生命的行為。

Action

從今天開始，用手拿抹布清潔馬桶，體驗活力與熱情！

富蘭克林的道德觀都帶有功利主義，由於誠實可以累積自己的信用，因此是對我們有利的美德。守時、勤勞與簡樸也是同樣的道理。

——馬克斯・韋伯（Max Weber，德國社會學家、經濟學家）

法則

92

不要一直講，偶爾也要換人上場

曾有一位社長前輩跟我說：「完美無缺的人不太容易親近，就像是辯才無礙的人，反而給人攻於心計的感覺，讓人無法安心相處。人類畢竟是動物，天生就有防衛本能，因此面對毫無缺點的人時，會覺得很不踏實。」

很多人一心想成為精明能幹的人，拚命學習各種業務技巧。不過，即使你成為世俗眼光中的「菁英」，在周遭朋友及客戶看來，你可能只是一個愛賣弄知識的人。究竟該如何運用現有知識與技巧，才不會適得其反呢？想成為精英，勤奮努力是不可或缺的特質。不過，更重要的是，**不能讓對方覺得你在賣弄知識。**

一口氣展現全部實力，不是聰明的做法

也就是說，不要完全展現出自己努力的成果，必須採取謙虛的態度。簡單來說，**與別人相處時必須隨機應變，先使出49%的力氣，剩下的51%則視對方的態度與反應，做出適當回應。**事實上，當你準備好接對方的球時，就能讓雙方的溝通關係取得平衡。

從某種程度來說，人際關係可說是一場權力較量的角力比賽。如果在商業談判或日常溝通時，展現出過多的超強實力，就會讓對方越來越提防你，反而無法盡情發揮。我自己也有許多還沒上場，就被迫結束比賽的經驗。請務必謹記，**人際關係不是比較權力多寡的角力比賽，而是互相尊重的平等關係。**

Action

即使學會新知識或業務技巧，也不要立刻就施展出來。

如果你可以，就要比別人聰明，但不要告訴他們你如何辦到。

——切斯特菲爾德（英國政治家）

法則

93

支持者不用多，「過半數」就好

「選邊站」是人際關係的常理，所謂「八面玲瓏」就是沒有中心思想或自我概念的人，也就是「偽善者」的意思。另一方面，對每個人懷抱敵意，完全不信任別人的人，也很難獨善於世上。因此，「與一半的人為敵，並與另一半的人為友」，就是我所提倡的「51 VS. 49法則」。

假設10個人之中有4人反對，但只要能獲得其他6人的支持，你就成功了。同樣地，只要在100個人之中，獲得51個人的支持，你就是勝利者。說得明白一點，不可能有任何一件事會獲得所有人的支持。例如「個人價值觀」以及「情緒感受」就不可能相同，像是「我討厭那個髮型」、「他說話的樣子看起來很自大」等，而且兩個人對於事件看法的分歧，更是不可能有交集的平行線。

▼論點不被全部人接受也沒關係

某位公司老闆曾經跟我說：「我不可能拿到所有合約，就算連續被9個客戶拒絕，我也相信第10個客戶一定會跟我簽約。而且，只要我提升工作品質，就能增加成交機率。」只要能事先認知「不可能所有人都支持你」的道理，心情自然就會輕鬆許多。抱持著自信與自尊你就能找到自己的人生哲學，舉例來說，假設A的人生哲學是「重視朋友的利益勝過自己」，而他身邊的朋友也認為A「會將自己的利益擺兩旁，以朋友的利益為重」，所以，當A真的只重視朋友的利益時，他的朋友就會越來越信賴他，讓A的人生哲學更加穩固，**只要擁有堅定不移的信念，就能啟動良性循環的開關。**

Action

與其要獲得100人的支持，不如尋求其中51人的支持，是較為可行的生存之道。

走自己的路，讓別人去說吧！

——但丁（Dante Alighieri，中世紀義大利詩人、哲學家與政治家）

Chapter 9

告別冷場王，「交際力」決定你的自信！

如果對方覺得跟你說話很有趣，
自己當然也能樂在其中。
在達成想要的目的之前，
一定要先好好地讓他「打從心裡笑開懷」。

法則

94

向服務生學習，讓對方真心地笑！

英文entertain有「招呼款待」的意思，我之所以將我成立的辯論團體取名為「The Entertainment Debate」，也是希望我們能盡情娛樂來看比賽的觀眾，讓他們有一個愉快的體驗。辯論比賽很注重表演性質，具體來說，我們希望能盡情娛樂來看比賽的觀眾。

例如，為了讓大家感受到參賽者的個性，我們都會在辯士出場時播放進場歌曲以及過去的紀錄影片。此外，也會在比賽途中以大螢幕播放解說，讓觀眾對辯論比賽有更深入的了解，能投入比賽、享受我們所做的安排，有一個愉快的體驗。

為什麼要將服務業的娛樂精神，融入在辯論比賽呢？其實是因為我在日常工作中，**學習到娛樂大眾不只能讓每個人開心，也能讓人際關係更加順遂。**

如果你一輩子都不曾親切待人、讓人開心或是幫助他人，
那麼你將失去可以讓晚年生活更為祥和的快樂回憶。

——約翰・華納梅克（John Wanamaker，美國百貨業之父）

▼對待客人就是要讓他「感到開心」

我是一位保險業務顧問，每個月都會寄明信片給客戶，提供與理財有關的資訊；生日時也一定會打電話祝賀，雖然都是舉手之勞，但收到的人都會覺得很開心。在客戶身上，我學習到**「讓人開心就是促進溝通的祕訣」**。

無須把「招呼款待」想得太深奧。像我每次在喝酒時，都會順便購買可以預防宿醉的飲料，然後多買一瓶送給對方喝。在開始喝酒前，我們一定會先喝飲料，如此一來，既可避免爛醉，彼此也能更享受喝酒的樂趣。這就是我的待客之道！生活中有許多能讓你發揮接待客人的機會，一定要好好掌握。

Action

尋找屬於自己，也能讓旁人開心的「待客之道」吧！

法則

95

「聚餐」是培養社交力最好的練習！

你聽過「助興者」嗎？就是「在宴席上討賓客歡心，炒熱現場氣氛的男性藝人」，也稱為吹鼓手或男藝者，是落語中常見的特殊角色，目前日本也只剩下極少數的一群人以助興為業。

如果你認為這是上一個世代的職業，那你就大錯特錯了！以現代的聚餐場合來看，「助興者」就相當於幹事或是籌備人員，這個角色必須具備一定程度的社交能力。我認為，**「社交力」是讓人際關係更圓滑，溝通更豐富的祕訣。**

▼在聚餐中學習與人相處

在現實生活中，**聚餐可說是最能培養「社交力」的場合，也是最好的練習場**

想要獲得幸福，就不要一直將報不報恩掛在嘴上，
讓人開心就是一種生活的意義。
——戴爾．卡內基（美國企業家）

所。觀察對方是「喜歡喝酒，還是不勝酒力的人？」再決定是否繼續斟酒。

不只要注意這些基本的細節，還要創造話題、炒熱氣氛，讓場子熱絡。在聚餐場合上學到的社交力，也能運用在日常生活或是商務場合中，清楚這一點的人都會將聚餐當成自己培養社交能力的練習場。

有一位立志成為律師的三澤，他在某次的聚會後，感動地打電話跟我說：「我將在聚餐時學到的娛樂精神運用在朋友的婚宴上，沒想到現場掌聲不斷、拍手叫好。」因此，參加公司聚會時，千萬不要漫不經心，不妨將它視為「練習場」，好好地磨練自己的社交能力。

Action

公司聚會是最好的練習場，不過，盡量不要碰酒，以免因失態而模糊焦點。

法則

96

讓對方真心的笑，才是真正的取悅

我有一位偵探朋友名叫「小村」，每次面對工作時，他總是低調地、默默地完成客戶的委託；但私底下一遇到我們這些好朋友，就會展現出無比的熱情。每年他都會送生日禮物給我，不過，他送的並不是很昂貴的手錶或是貴重金屬飾品，而是他獨創的「大份量驚喜禮物」。

每年他送我的禮物都不一樣，例如，傳統玩具店賣的各種煙火、世界各國的茶葉組合等。還有一年他在陶器特製成的燒酒瓶上，刻著半年後才要舉辦的活動日期，並寫著「祝活動圓滿成功」等字樣。我還記得有一年是送了一本我跟他一起演出的「紙上」相聲（事實上我跟小村根本沒一起表演過相聲）；還有一年則是以「綜藝節目集錦」為題，重新剪輯99個我最喜歡的搞笑綜藝節目，完成一部長達8小時的影片送我。

「投注全部心力」才是真正的對待

小村送的禮物都好貼心，我覺得他是一位真正的社交高手。他不只探索人的內在，發掘對方喜歡的事物，還親身實踐，讓人打從心底感到開心。英國詩人普瑞爾有一句名言：「想要擁有幸福，就先學會如何取悅他人。」**投注所有心力讓對方感到開心，這才是真正的待客之道。**

當你看到對方感動的反應後，又進一步地學會了如何取悅他人。小村就是在這樣的循環中成為一位人見人愛、充滿魅力的社交高手，每次收到他送我的禮物時，這樣的想法又更深植我心。

Action

開始思考要送什麼樣的生日禮物？或是發想出5年份的新點子吧！

法則

97

感覺「意猶未盡」時，活動就成功了！

主辦朋友或熟人的婚禮，我的宗旨就是要讓參加婚禮的賓客，有賓至如歸的感受。有一次，我們的成員久保田在主持婚宴後，當天在現場參與的婚宴會場負責人，竟然跑去跟他說：「我希望你能來我們公司工作」，當場就提出挖角的邀約。

我們舉辦的婚禮連專家都欽佩不已，為什麼辯論團體能有如此卓越的執行力呢？**因為我們擁有「讓所有人都盡興」的中心思想，並運用在婚禮等各種活動之中。**我們希望能讓不熟悉辯論比賽的觀眾，也能享受比賽過程，所以我總是從零開始發想，穩健經營比賽的關係。

無論健康或疾病、快樂或憂愁、富裕或貧窮，你都願意愛他（她）、尊敬他（她）、幫助他（她），並願意在一生之中對他（她）忠心不變？

——教堂婚禮誓詞

保持「讓大家都開心」的想法

不管是婚禮或是辯論比賽，**「賓主盡歡」都是萬年不變的定律。**我非常鼓勵各位讀者嘗試主辦一項自己有興趣的活動。假設你喜歡足球，不妨主辦一場足球比賽，只要是自己有興趣的事情，一定可以輕鬆地讓更多人感到有趣。

不只是自導自演，還要自己主辦，透過這樣的方式深入了解自己的興趣，再透過活動認識更多人。在你覺得越來越有趣之後，或許它也能為你開啟不同的人生之路，拓展新的事業領域。

Action

不妨企劃並主辦活動，讓更多人了解你的興趣。

法則

98

5小時就能回饋社會，學習分享

我們有針對商務人士舉辦的辯論研討會，以及適合一般民眾參加的辯論比賽。因此，我們所有的成員休假時通常都在準備這些活動。

常常有人問我們：「為什麼除了本業之外，還要從事這些活動呢？」其實我們除了想要讓更多人認識並讓辯論活動更普及之外，我們也堅信，取之於社會的我們，可以藉由從事非營利活動的方式，對社會做出一點貢獻。

▼不要小看5小時的力量

每個人貢獻社會的方法各有不同，有人是當義工，念繪本故事給小朋友聽；也有人去安養院陪伴年邁的老人，如果每個人每月都花5小時回饋社會，就能形成一

幸福不能獨享。

——阿列克謝・尼古拉耶維奇・阿爾布佐夫

（Alexei Nikolaevich Arbuzov，俄羅斯劇作家）

股可觀的力量。**5小時約占1個月（720小時）的0.7%**，從這個角度來看，你是否也覺得其實不會很困難呢？像我們投入在辯論活動的時間，大概占一個月的7%左右（50小時）。雖然只有7%，我們卻充分發揮了最大的功效。

有位在工作上一直指導我許多的前輩曾說：「你認為公司為什麼要雇用這麼多業務員？因為這個世界上有各式各樣的人，有時候適合你的客戶偏偏就跟我處不來；相反地，你無法處理的客戶，反而是我最喜歡相處的類型。」**結識一群志同道合的夥伴，同心協力發揮力量，就能開創出自己無法實現的康莊大道。**

Action

每個月都空出5小時的時間服務他人，回饋社會。

法則

99

「主播」是學習說話的最佳範本

我在東京電視台的主播部門擔任講師時，曾經讓所有主播進行一場辯論比賽。幾乎所有人都是第一次參加，卻比出了一場十分精彩的比賽。最讓我感動的是，當天的比賽過程，隨處可見說話技巧的精髓。主播們所展現的終極說話術，可說是值得大家學習的最佳說話範本。

▼主播們的「五大說話技巧」

❶**卓越的社交力：**從我踏進教室起，每位主播都大聲地向我打招呼，而且十分尊重講師。當我上完課要離開時，也都親自送我上車，周到的禮節讓我備感窩心。**「以禮相待」這句話說來簡單，卻不容易做到。**

❷**遵守基本原則：**每一位主播都在上課前讀過我寫的書，事先了解辯論的基本原則。**事前準備是學習的基本態度**，做好萬全準備，才能表現得可圈可點。

❸**具有時間觀念，所以極度專注：**主播的工作就是在跟時間賽跑，他們相當注重時間限制，充分運用有限的時間，所以上課時極度專注。

❹**驚人的「即興力」：**第一次參加辯論比賽的新手，大多都是邊看稿邊辯論，**但主播們會觀察觀眾的反應，適時發揮「即興力」**，所以他們完全不看稿。

❺**想使用更多詞彙：**研討會結束後，有兩位主播不約而同地表示：「沒有使用適合的詞彙，真是不甘心，枉費我還是專業主播。」他們的感想讓我備受衝擊，**對於詞彙的追求可以幫助他們選用更確切精準的用語。**

Action

多看電視新聞並寫下5個主播使用的說話技巧，再親身實踐運用。

法則

100

從小地方培養「自信說話」能力

最後，我要分享我珍藏的「法則」。可能會有人覺得「這什麼嘛！」不過，當你想要有所改變時，剛開始一定會經歷許多痛苦與麻煩，很多人就會在這個階段打退堂鼓。因此，從自己能做到的小地方開始，就能得到小小的成效。**腳踏實地的從小地方做起，就能讓你產生自信，並學會說服眾人的說話技巧。**

這本書是我的書，也可以說不是我的書。我個人的小小期盼就是「**希望各位讀者能在說話時感到自信**」，衷心希望本書所蘊藏的熱情之火，能燃起你心中的熱情，進而培養你擁有自信的態度。因此，請先踏出這一小步吧！

結語

讓100個人的熱情，幫助你成為說話高手

這是一本結合眾人力量的書，所以我就像是滾雪球一般，結合了BM的成員、我的好朋友、熟人、客戶與出版業者的力量，慢慢地塑出一個完美的雪人。我粗略地估算了一下，這本書至少蘊藏著100個人的熱情。

誠如我在書中說的「熱情可以感染身邊的人」。我衷心希望本書所蘊藏的熱情，能燃起你心中的火焰。**一旦你感染到本書的熱情，就會在不知不覺中學會如何說話，甚至完全改變人生。**最後，我要衷心感謝開啟我寫作生涯的貴人佐藤滿小姐、仁科貴史先生、出版社編輯古川浩司與高橋一喜先生，以及設計師齋藤啟一先生。還有給我許多建議，幫助我完成本書內容的BM成員－井上晉與高澤拓志。

太田龍樹

Easy to Learn
Easy 輕鬆學 輕鬆學系列026

說話有自信，老闆同事都挺你（修訂版）

被主管讚賞、朋友信任、客戶買單的100個「自信說話術」

話し方にもっと自信がつく１００の法則

原　　著　太田龍樹
譯　　者　游韻馨
主　　編　陳永芬
責任編輯　陳彩蘋
封面設計　許貴華
內文排版　菩薩蠻數位文化有限公司

出版發行　采實出版集團
業務部長　張純鐘
企劃業務　王珉嵐・張世明・楊筱薔
會計行政　賴思蘋・孫瑩珊
法律顧問　第一國際法律事務所 余淑杏律師
電子信箱　acme@acmebook.com.tw
采實官網　http://www.acmestore.com.tw/
采實文化粉絲團　http://www.facebook.com/acmebook

ISBN　978-986-5683-40-5
定　　價　260元
初版一刷　2015年2月5日
劃撥帳號　50148859
劃撥戶名　采實文化事業有限公司
100台北市中正區南昌路二段81號8樓
電話：（02）2397-7908
傳真：（02）2397-7997

國家圖書館出版品預行編目(CIP)資料

說話有自信,老闆同事都挺你 / 太田龍樹作 ; 游韻馨譯.
-- 修訂初版. -- 臺北市 : 采實文化, 2015.02 面； 公分.
-- (輕鬆學系列 ; 26)

ISBN 978-986-5683-40-5（平裝）
1.說話藝術 2.口才

192.32　　104001161

廣	告	回	信
台北郵局登記證			
台北廣字第03720號			
免	貼	郵	票

采實文化 ACME PUBLISHING 采實文化事業有限公司

100台北市中正區南昌路二段81號8樓

采實文化讀者服務部　收

讀者服務專線：02-2397-7908

說話有自信，老闆、朋友都挺你 修訂版

被主管讚賞、朋友信任、客戶買單的
100個「自信說話術」

Easy to Learn

Easy 輕鬆學 專用回函**系列**

系列：輕鬆學026

書名：說話有自信，老闆、朋友都挺你：

100個讓你被主管讚賞、朋友信任、客戶買單的說話技巧

讀者資料（本資料只供出版社內部建檔及寄送必要書訊使用）：

1. 姓名：
2. 性別：□男　□女
3. 出生年月日：民國　　年　　月　　日（年齡：　　歲）
4. 教育程度：□大學以上　□大學　□專科　□高中（職）　□國中　□國小以下（含國小）
5. 聯絡地址：
6. 聯絡電話：
7. 電子郵件信箱：
8. 是否願意收到出版物相關資料：□願意　□不願意

購書資訊：

1. 您在哪裡購買本書？□金石堂（含金石堂網路書店）　□誠品　□何嘉仁　□博客來
   □墊腳石　□其他：____________（請寫書店名稱）
2. 購買本書日期是？____年____月____日
3. 您從哪裡得到這本書的相關訊息？□報紙廣告　□雜誌　□電視　□廣播　□親朋好友告知
   □逛書店看到□別人送的　□網路上看到
4. 什麼原因讓你購買本書？□對主題感興趣　□被書名吸引才買的　□封面吸引人
   □內容好，想買回去做做看　□其他：____________（請寫原因）
5. 看過書以後，您覺得本書的內容：□很好　□普通　□差強人意　□應再加強　□不夠充實
6. 對這本書的整體包裝設計，您覺得：□都很好　□封面吸引人，但內頁編排有待加強
   □封面不夠吸引人，內頁編排很棒　□封面和內頁編排都有待加強　□封面和內頁編排都很差

寫下您對本書及出版社的建議：

1. 您最喜歡本書的特點：□插畫可愛　□實用簡單　□包裝設計　□內容充實
2. 您最喜歡本書中的哪一個單元？原因是？

____

____

3. 您最想知道哪些人際關係的相關資訊？

____

____

4. 未來，您還希望我們出版什麼方向的工具類書籍？

____

____